MIRCEA ELIADE

LE MYTHE
DE L'ÉTERNEL
RETOUR

Archétypes et répétition

永恒回归的神话

[美] 米尔恰·伊利亚德 ——— 著   晏可佳 ——— 译

上海書店出版社
SHANGHAI BOOKSTORE PUBLISHING HOUSE

前　　言

　　要不是担心显得过于雄心勃勃，我们还可为本书加上一个副标题："历史哲学导论"。因为这正是本书的主旨；但是和历史哲学有所不同，不是对历史现象开展思辨性分析，而是要考察古代社会的基本观念——这些社会尽管也意识到某种形式的"历史"，却竭力回避它。在研究这些传统社会时，最令我们感到吃惊的一个特征便是：传统社会的人们反抗具体的、历史的时间，他们怀有一种乡愁，要周期性地回到万物开始的神话时代，回到"大时"。只有当我们感受到这些社会拒绝具体时间的意志，感受到它们对任何自主的"历史"——亦即任何不受原型规定的历史——的诱惑抱有的敌意后，所谓"原型与重复"的意义和功能便显现出来。本书将证明，离弃历史、抗拒历史，不仅是原始社会的保守倾向所致。我们认为，此种对历史的贬抑（也就是对不具备超历史模型的事件的贬抑），及其对世俗的、连续的时间的拒绝，在一定程度上可以解读为对人类存在赋予某种形而上学的价值。但此种价值，绝非某些后黑格尔哲学思潮——尤其是马克思主义、历史决定论，以及存在主义——自从发现了"历史的人"，也就是在历史中造就自己的人以来所一直企图赋予人类存在的那种价值。

然而,本书并不直接涉及历史之为历史的问题。我们主要想从古代社会的思辨领域里梳理出若干主线。在我们看来,对这个领域作出简明的阐述,不会使人感到无趣,对那些习惯从古典哲学的经典或从西方精神历史发现问题并寻求答案的哲学家而言更是如此。至于我们,则深信西方哲学本身已经接近"地方化"的险境了(如果允许我们这么说):首先,它戒心重重,固守在自己的传统之内,忽视例如**东方**思想提出的问题与答案;第二,它只承认有历史的文明的人的"处境",拒绝承认任何其他"处境"、无视"原始人"以及传统社会成员的经验。我们认为,哲学人类学可以从前苏格拉底的人(换言之,传统社会中的人)的价值那里学到某些东西,他们通过那种价值而将自己的处境置于世界之中。还有比这更好的:通过远古时代的本体论来更新形而上学的基本问题。在以前几本著作中,尤其是《宗教史论》*,我们尝试阐述这个远古时代本体论的原理,当然,那时候还谈不上前后一贯,更不要说面面俱到的阐述了。

同样地,本研究也不想面面俱到。我们的言说,只是面向哲学家、民族学家甚或东方学家,但更重要的是面向一般受教育的、非专业的人士,因而常常要将材料压缩,要是深入研究、条分缕析,一定非写成一部皇皇巨著不可。任何充分整理的资料、专业用术语等,必会令许多读者感到气馁。但是,我们

---

* Tratité d'Histoire des Religions 于 1949 年出版。1956 年,该书英文版出版,改名 Patterns of Comparative Religion,中文译本名《神圣的存在》(晏可佳、姚蓓琴译),广西师范大学出版社,2019 年。——译者识

不是为了专家、学者的特殊问题提供一系列的旁注，而是要引起哲学家和一般受教育者对某些精神处境的注意，虽然在当今全球许多地区它们早已被超越了，但对于我们认识人及人类历史本身还是颇有启发的。基于同一思路，本书最大限度地减少了参考文献的使用，有些地方只是一语带过。

　　笔者在 1945 年开始撰写本书，直到两年后才有机会继续完成定稿。古亚尔先生(Jean Gouillard)和苏卡斯先生(Jacque Soucasse)从罗马尼亚语手稿译成法语，在此谨表谢忱。承蒙我的同事和好友杜梅齐尔先生又一次不吝通读了法译文手稿，指出若干不当之处。

米尔恰·伊利亚德

目　　录

第一章　原型和重复

问题

　　本书着手探讨远古时代的本体论的各个方面——更确切地说，也就是从前现代社会的人的行为中解读关于存在和实在的观念。"前现代"或"传统"社会，既包含通常所谓的"原始民族"，也包含亚洲、欧洲及美洲的古代文化。显然，远古世界的形而上学观念通常不会用理论的语言表述；但是，象征、神话、仪式等等，在不同层面、以适合于它们的方法，对事物的终极实在表达了一种复杂的前后连贯的体系，这个体系可以看作构成了一种形而上学。然而，要理解所有这些象征、神话及仪式的深刻含义，就必须将它们翻译成为我们的日常用语。如果一个人不厌其烦，深入探讨远古神话或象征的真正意义，他就会看到，这种意义表现出远古人对自身在宇宙中处境的一种认知，因此，它包含有某种形而上学的立场。想在远古时代的语言中搜寻那些伟大的哲学传统不辞劳苦而创造出来的术语是徒劳无益的。"存在""非存在""实在""非实在""变化""幻觉"等，在澳大利亚人或古代美索不达米亚人的语言里是找不到的。然而，语汇不存，其事确有；只是它是通过象征和神话"说出来的"——亦即以一种前后连贯方式表现出来的。

如果我们观察古人的一般行为，就会惊讶地发现这样一个事实：不论外部世界的事物还是人类行为，确切地说，都没有自主的内在价值。事物或行为获得一种意义并因此而变成实在的，乃是因为它们以这样或者那样的方式，参与某种超越它们的实在。在数不胜数的石头里面，只有一颗石头可以变为神圣——因而也在刹那之间充满着实在——因为它构成了一种神显，或拥有神力，或纪念一个神话行为等等。这个事物就成了某种外在力量的容器，这种力量使它区别于周边的环境，并赋予它意义和价值。这种力量可以寓于此物的本质里面，或者表现在它的外形上；一块岩石显为神圣，因为它的存在就是一种神显，坚硬、无懈可击，非人所及。它不为时间消融；它的实在性永存。且看一颗最普通的石子，因其作为象征的外形或者它的起源而充满巫术的或宗教的力量，它可以提升到"弥足珍贵"的地步："雷石"，据说乃从天而降；珍珠，因为它来自深海。其他石头，因为是祖先灵魂的住所（印度、印度尼西亚）、因为曾是一个神显的场所（如雅各躺卧的伯特利），或因为得到一场献祭或盟誓的祝圣，都可以成为神圣。

现在我们再来看看人类的行为——这些行为当然不是缘起于纯粹的自律。它们的意义、它们的价值，不是和它们粗鄙的物理材料而是和它们再现了一个太初的行为、重复了一个神话的范例相关。饮食不只是一个生理活动；它还更新了与神的交流。婚姻与集体狂欢，也是重复着神话的原型。它们之所以重复再三,是因为它们在一开始(彼时、起初,*in illo tempore*,*ab origine*),就被诸神、"祖先"或英雄祝圣过了。[1]

至于有意识的行为而言,"原始人"、古人都承认,其行为无一不是某些其他非人类曾确定过或者做过的。他所做的以前都是做过的。他的生命就是无止境地重复他者的行为。

此种有意识地重复既定的范式性的行为,透露了一种原始的本体论。大自然粗鄙的产物或人为的事物,只是由于参与了某种超越实体,才获得了其实体性,获得了其同一性。这种行为只有重复一件太初的行为,才能获得意义、实在性。

从各地不同文化援引的事实,可以帮助我们辨识出远古时代本体论的结构。首先,我们找出了一些相似的例证,尽可能清晰地表明传统思想的机制;换言之,这些事实有助于我们了解前现代社会的人,如何以及为什么认为某些事物会变成真实的。

我们必须深入了解这套机制,然后从古代精神领域内接近人类的存在和历史的问题。

我们搜集的事实分成以下几个主要类别:

1. 那些能够表明在古人看来,实在乃是模仿某个天界原型之功能的事实。

2. 那些能够表明如何通过参与"**中心**的象征系统"而获得实在性的事实:城市、圣殿、住房等如何通过融入"世界的中心"而变成实在。

3. 最后,仪式及重要的世俗行为获得附加给它们的意义,并且具化那种意义,是因为它们谨慎地重复诸神、英雄或祖先在起初(*ab origine*)所确定的这样或者那样的行为。

我们阐述这些事实,本身就构成了这些事实背后的本体论的研究与诠释的基础。

疆域、圣殿与城市的天界原型

按照美索不达米亚人的信仰,底格里斯河以奎宿星为范式,而幼发拉底河则以燕子星为范式。[2]有一份苏美尔的文献提到,"诸神创造的地方",那里可以找到"羊群和谷物[之神]"。[3]同样地,对乌拉尔—阿尔泰民族而言,山脉也有在天界的理想原型。[4]在埃及,地名、省名皆以天界的"地域"命名:先要认识天界的地域,然后在下界找到其地理上的位置。[5]

在佐尔文传统中的伊朗宇宙论里,"所有地上的现象,无论抽象或具体,都对应于天上的、超越的、看不见的事物,对应于柏拉图意义上的'理念'。每一个事物、观念都自我呈现为双重的方面:一方面是'曼诺格'(*mênôk*),另一方面是'盖提格'(*gêtîk*)。有看得见的天,因此,也有看不见的'曼诺格'(*Bundahishshn*,第 1 章)。我们的大地也与天上的大地相对应。以盖提格的形式(*gêtâh*)在人间践行的每种美德,在天界都有一个代表真正实在的对应物……年、祈祷……总之,一切显现为'盖提格'的,同时也是'曼诺格'。创造就是复制。从宇宙诞生的观点来看,称之为'曼诺格'的宇宙阶段要先于'盖提格'的阶段"。[6]

尤其是圣殿——极其神圣的地方,也有天界的原型。在西奈山上,耶和华指示摩西,要为他建造的圣所的"样式":"你们要按照我指示你的,帐幕和其中一切器具的样式,照样去做……照着在山上指示你的样式去做。"（《出埃及记》25：9，40）大卫向他儿子所罗门指示圣殿建筑、帐幕以及所有器具的规划时，对他保证："这一切……都是耶和华用手划出来使我明白的。"（《历代志上》28：19）因此，他已经看见过那天界的范本。[7]

最早提到圣所原型的文献是关于在拉伽什建造神庙的古地亚碑文。古地亚梦见女神尼姐巴向他展示了一块泥版，上面写有吉祥之星的名字，还有一位神向他揭示寺院的示意图。[8]诸城也有其神圣的原型。所有巴比伦城市皆可在星座上找到其原型。锡帕拉的原型在巨蟹座，尼尼微的在大熊星座，亚述的在大角星座，等等。[9]西拿基利按照"远古星空文字传下来的……示意图"建造尼尼微。范本不仅先于地上的建筑，而且这个范本位于永恒之理想的（天界的）"区域"。所罗门王便如此宣称："你曾命令我，在你的圣山上建造圣殿，在你居住的城邑内修筑祭坛，仿照你起初所备置的圣幕的式样。"[10]

上帝创造了天上的耶路撒冷，然后，人类之手在地上建造该城；在叙利亚文的《巴录二书》4：2—7 中，先知提及的正是前者："我曾经说，我将你铭刻在我掌上。你是否以为我所指的就是这城？其实我所指着说的，并不是如今在你们中间的这城，却是将来要与我一同显现的那城，早在我造乐园的时候，那城就已经预备好了。亚当犯罪之前，也曾看见那城……"[11]天上的耶路撒冷曾激起所有希伯来先知的灵感：《多比雅亚书》13：16，《以赛亚书》59：11 以下，以及《以西结书》60，等等。上帝为指示耶路撒冷给以西结看，降在以西结身上，在出神之异象中，将他安置在至高的山上。《西比尔神谕》则保留着新耶路撒冷的记忆,在该城中心有"一座圣殿……高耸入云,万人瞩目……"[12]。然而,关于天上的耶路撒冷,最美轮美奂的描述见于《启示录》21:2:"我(约翰)又看见圣城新耶路撒冷由上帝那里从天而降,预备好了,就如新妇妆饰整齐,等候丈夫。"

我们在印度也发现了同样的理论:印度人所有的王城,即使现代的也是如此,都是仿照在**黄金时代**(从前)宇宙的主宰居住的天城的神话范式所造。因此,就如同宇宙的主宰一样,国王也当尝试再次恢复这黄金时代,使当今的实在世界变成完美世界——在本研究中我们还将再度遭遇这个观念。例如,锡兰的锡吉里耶王城[13],其建筑即仿效"人难登临"[《大事》(Mahâvastu)39,2]的天城阿荼槃多的原型建造。柏拉图的理想城市同样也有天界的原型(《理想国》592b,并参见500e)。柏拉图的"形式"不是星空,但是它们的神话区域也坐落在超越地界的层面(《斐多篇》247,250)。

那么,我们周围的世界,人类所感受到的于其间劳作和生活的那个世界——人们攀登的大山、栖居耕作的土地、通航的河流、城市、圣所等——都有超越大地之上的原型,不论其为一个"规划"、一种"样式",还是纯粹就是存在于一个更高宇宙层面上的"双重"存在。然而,在这个周围世界里,并非每一件事物都有这种原型。例如住着魔鬼的沙漠地区、尚未耕作的土地、水手不敢前去的未知海洋等,它们并不和巴比伦的城市或埃及的省那样享有一种分化的原型。它们对应于一种神话范本,但是另一种不同性质的范本:所有这些荒凉、未开垦的地域等,等同于混沌;它们仍处于**创造世界**之前未分化的、无形式的模态。所以，人们在占有一块土地时——亦即着手开发土地时，他必须举行仪式，象征性地重复创造世界的行为：未开发的地域由此被"宇宙化"，然后人类再居住其间。我们还要回过头来讨论此种占有新发现土地的仪式之意义。眼下要强调的事实是，围绕我们的、经人手开发的世界，如果逾越了那个充当它的范本的超人间的原型，便属于无效。人类是按照某一原型而建构。不仅他的城市或神庙有着天上的范本，他所栖居的全部地域、灌溉这片地域的河流、供给其食物的农田等也是如此。巴比伦地图表明，此城位于一片广袤的圆形地区的中心，一条河流环绕四周，恰似苏美尔人想象的**天国**。都市文化对于一个原型的范本的分享，赋予它们实在性和有效性。

在一个全新的、未知的、未开垦的国度定居，就相当于**创造世界**。斯堪的那维亚的殖民者据有冰岛［《冰岛书》（landnáma）］并且开始开发该地的时候，他们既不认为这是一种原初的事业，也不认为是一种人间的、凡俗的工作。他们只是在重复一件太初的行为：亦即神灵将混沌变为宇宙的**创造世界**。他们开垦荒凉的土地，事实上只是重复诸神行为——赋予混沌以形式和规范，使之变得有条理。[14]更确切地说，征服一块土地，只有完成——或者更加直截了当地说，只有通过——占有仪式，才能真正实现，这种仪式只不过是重复了**创造世界**这个太初的行为。在吠陀时代的印度，建筑一个献给阿耆尼神的祭坛，便可合法地占有一块土地。[15]《百道梵书》（Catapatha Brâhmana，VII，1，1，1—4）如是说："一个人建造了家主火（gârhapatya），即可安居（avasyati）；建火坛者即'安居的'（*avasitâh*）。"然而，建造一座献给阿耆尼的火坛，只是对**创造世界**的小宇宙的模仿。此外，任何献祭，也都是**创造世界**行为的重复，正如印度典籍所明确指出的那样。[16]西班牙与葡萄牙的征服者，正是以耶稣基督的名义，占有他们所发现并征服的诸岛与大陆的。竖立十字架，即等同于这个新的国家的合法化，祝圣了这个新的国家，等同于一种"新生"，因而也是重复洗礼（即**创造世界**的行动）。至于英国航海家也是以英格兰国之名，即新的**宇宙的主人**之名占有所征服的诸国的。

当我们致力于专门考察重复**创造世界**，这一最突出的神圣行为的意义时，吠陀、斯堪的那维亚或罗马的仪式的重要性就将变得更加显著。现在，我们只要记得一个事实：据有一块土地，将其作为"生存空间"（*Lebensraum*），或居住，或开发，首先要将其从"混沌"转变为"宇宙"；也就是说，通过仪式的作用，赋予"形式"，使其变为真实的。显然，在远古人类的思想里，实在是借着力量、作用及生生不息而展现自己的。因此，显著的实在就是神圣；因为只有神圣才是一种绝对的形式，才能有效地行动，才能创造万物，使之生生生不息。祝圣的事物数不胜数——土地、疆域、器物、人等等——揭示了原始人对真实的执著、对存在的渴望。

"中心"的象征系统

可与远古时代对城市、神庙的天界原型的信仰相提并论，甚至保留文献更多的，还有另外一系列的信仰，它们赋予"**中心**"以特殊地位。我们在一部早期著作中曾考察过这个问题[17]；

在此只是复述一些我们的结论。**中心**的主要象征系统如下：

1. 圣山——天地交汇之处——位于世界中心。

2. 每一座神庙或宫殿——扩而言之，每一座圣城和皇家住所——皆是一座"圣山"，因此也变成一个**中心**。

3. 圣城或神庙作为宇宙之轴（*axis mundi*），为天堂、人间和地狱的交汇点。

试举数例，说明这些象征：

A）印度人相信，须弥山耸立在世界的中心，山上北极星闪耀。乌拉尔—阿尔泰诸民族也知道有一座中心之山须弥山，其峰顶点缀着北极星。伊朗人相信，圣山哈拉贝瑞扎底或厄尔布尔士山位于大地中央，与天相连。[18] 老挝与泰国北部的佛教徒也知道一座辛那罗山，位于世界的中心。在《埃达》（*Edda*）里面，有一座希敏费尔山，顾名思义，就是"天界之山"；山上的彩虹直抵天穹。芬兰人、日本人以及其他民族也有同样的信仰。我们还可以想到，马来半岛的塞芒人，他们认为，有一块巨石巴图—立本耸立在世界中央；其上是地狱。从前，巴图—立本山上有一树干，直入云天。[19] 地狱，亦即大地的中心，以及"天门"，当时位于同一根轴上。沿着此轴，可从一个宇宙区域穿越到另一个宇宙区域。要不是我们已获得证据，同样的理论在史前时期已经大致形成，我们也许会怀疑塞芒族的俾格米人此种宇宙结构的理论是否确实可靠。[20] 美索不达米亚人相信，有一座中心之山连接**天**、**地**；它就是"万国之山"[21]，它连接所有疆域。确切地说，塔庙就是一座宇宙山，亦即宇宙的象征，七层塔庙代表七座行星天体（如波尔西帕），或是有着世间的七彩（吾珥）。

　　巴勒斯坦的他泊山，其意为 *tabbûr*，即肚脐。巴勒斯坦中央的基利心山，毫无疑问更加具有"中心"的尊容，因为它被称为"大地之脐"[*tabbûr eres*，参见《士师记》9:37："看哪，有人从高处（希伯来文作大地的肚脐）下来。"]。彼得·康梅斯特保存的一个传说讲，在夏至之时，在"雅各之泉"（基利心山附近），阳光照射之下是没有影子的。实际上，彼得继续说："就是他们，把这个地方称作我们所居住的大地的中心。"巴勒斯坦是最高的国家——因为处在宇宙山顶，大洪水淹没不到。有一份希伯来语文献说，"以色列全境不会淹没于洪水之中"。[22] 对基督徒而言，各各他也是位于世界中心，因它高踞宇宙山顶，又是亚当被造与埋葬之所。因此，救世主的血恰好落在埋葬在十字架下面的亚当的骷髅上，他即获得救赎。各各他位于世界中心的信仰，在东方基督徒的民间传说里也有所保留。[23]

　　B）巴比伦神庙与圣塔的名字，就证明等同于宇宙山："住家之山""万国之山的家""疾风之山""天地之连接"等等。[24] 古地亚国王时期的一支圆筒印章上说："（神）为自己建造寝宫，（就像）宇宙山……"[25] 每一座东方城市都位于世界中心。巴比伦就是"众神之门"（*Bâb-ilâni*），因为众神由此降临人间。中国王朝的都城，在夏至的正午时，日晷不投下任何阴影。这座都城事实上就是位于宇宙中心，天堂、人间、地狱三界交会处的神木（建木）近在咫尺。[26] 爪哇的婆罗浮屠庙本身即是宇宙的图像，造型酷似人工建造的山脉（与亚述塔庙相似）。香客登临此寺，即进入了世界的中心，在最高一层，隔断与其他层面的往来，超越世俗的、异质的空间，步入"净土"。城市与圣地等同于宇宙山之顶。这也就是耶路撒冷与锡安何以不被大洪水淹没的原因。根据伊斯兰教传说，世上的最高处，便是克尔白，因为"北极星可以证明……它正对着天园的中心"。[27]

C）最后，寺庙与圣城总是位于世界的中心，所以它们也是天堂、人间、地域三界的交会之点。尼普尔与拉尔萨的圣所被称作 Dur-an-ki，"天、地的纽带"，锡帕拉无疑也是这样被称呼的。巴比伦城有许多名称，其中即有"天、地基座之家""天、地的结合点"。但是，巴比伦正是人间和下界连接之处，因为该城建造在 bâb apsî，"阿普苏之门"[28]上——阿普苏是指创造世界之前的混沌之水。我们还发现希伯来人也有同样的传说。耶路撒冷的基石深入到深渊（tehôm）。《密西拿》说圣殿就位于深渊（希伯来语 tehôm，和阿普苏同义）。正如在巴比伦有"阿普苏之门"，耶路撒冷圣殿的基石包含有"深渊之口"。[29]我们在印欧人的世界也发现有类似概念。例如，在罗马人那里，壕沟（mundus）——亦即围绕建造一座城市的地方挖出来的沟渠——构成了下界和人间交会之处。瓦罗说，"当壕沟打开的时候，就是通往冥府诸神的大门打开了"（转引自 Macrobe, Sat, I, 16, 18）。意大利人的神庙位于上界（神界）、地界和下界交会之处。

宇宙山顶不仅是**大地**的至高点，还是大地之脐，创造世界的开始之处。甚至还有的一些事例表明，宇宙结构的传统，乃是以胚胎学借来的用语来解释**中心**的象征系统。"**神圣创造**的世界就像一个胚胎。就像胚胎从肚脐流出，神从自己肚脐开始创造世界，从那里向不同的方位流溢。"《赎罪日卷》明言，"世界的创造从锡安开始"[30]。在《梨俱吠陀》里（例如 X，149），宇宙被想象成从一点蔓延开来。[31]人的创造也解释了宇宙的诞生,同样也发生在一个中心点,即世界的中心。根据美索不达米亚传说,人是在"大地之脐"以肉(URZ)、纽带(SAR)和土(Ki)形成的,那里也是"天、地的纽带"(Dur-an-ki)之所在。奥尔马兹达也是在大地的中心创造了原牛伊伐达特和原人伽尤玛特。[32]天堂,就是亚当被泥土造出来的地方,自然也处在宇宙的中心。有一个叙利亚传说讲,天堂就是大地之脐,建造于比群山更高的高山上面。根据《宝窟之书》,亚当是在大地中心被创造出来的,那里也是后来耶稣的十字架树立的地方。犹太教也保存有相同的传说。犹太人的启示作品和《米德拉西》都说亚当是在耶路撒冷城被创造的。[33]而他埋葬的地点就是他被造的地方,亦即世界的中心各各他——而且正如我们已经看到的——救世主的宝血也将使他得到救赎。

中心的象征系统相当复杂,但是我们提到的若干方面已经足以达到我们的目的。我们还可以再补充西方世界直到迈入现代门槛还保存着的同样的象征系统。神庙是世界的缩影(imago mundi)这一概念,以及圣所本质上就是再造寰宇的观念,传入了基督教欧洲的宗教建筑:公元最初几个世纪的罗马教堂,和中世纪的大教堂一样,都是象征性地再造了天上的耶路撒冷。[34]至于**高山**、**登天**、**"寻找中心"**等象征系统,在中世纪文学里比比皆是,在最近数世纪的某些文学作品里也还是一再出现,尽管只是用作比喻而已。[35]

宇宙诞生的重复

因此,中心是神圣地区、绝对实在的最突出的地方。同样地，其他绝对实在的象征（**生命和不死之树、长青之泉**等）也都位于中心。通往中心的道路是一条"艰辛之路"（*dûrohana*），此种艰辛体现在实在的每一个层面：寺庙盘旋登顶（如婆罗浮屠）之艰难；到圣地（麦加、哈德瓦[36]、耶路撒冷）朝圣；寻找**金羊毛、金苹果、长生草**的英雄探险历程；在迷宫里曲折往返；追寻通向自我、自我存在的"中心"之路所经历的种种苦难，等等。那道路艰难曲折、危机四伏，因为事实上它是一种由世俗转为神圣、由梦幻转为实在、由死亡转为生命、由人转为神的过渡仪式。抵达中心等同于一次祝圣、一次入会礼；昨日世俗的、虚妄的存在，让位于今日崭新的、实在的、永久的和真实的生命。

创造世界的行为，将无形转化为有形，或者用宇宙论的说法，将**混沌**转化为**宇宙**；**创造世界**自中心开始；因而一切万物之存在，从无生命的到有生命的存在，只有在神圣占绝对优势的地方才能获得生存——所有这一切都美轮美奂地向我们展现了神圣城市"世界中心"的象征系统、支配城市基础的风水理论，以及建造城市的一系列仪式的合理性。在先前的著作中，我们已探讨过这些建造城市的仪式，以及其中包含的理论，读者诸君可以参考。[37]在这里，我们仅强调两个重要命题：

1. 任何创造都是重复那非凡的宇宙诞生行为、**世界的创造**。

2. 因此，不管建造什么，都以**世界的中心**为基础（正如我们所知，世界本身就是在一个中心创造）。

在诸多现成的例子中，我们仅选择其中的一个，由于这个例子的其他方面也令人深感兴趣，在以后的叙述中还会提到。

在印度,在安放一块奠基石之前,"星相家会指出在地基的某一个点上,那是支撑世界的蛇首的位置。石匠从佉陀罗树上取材,制成小木钉,用椰子敲打木钉,将它钉进那个特别的地方,牢牢钉住蛇首……如果这条蛇猛晃脑袋,世界就会土崩瓦解"。[38]奠基石就放在木钉上面。因此奠基石也恰好位于"世界的中心"。但是,奠基的行为也是重复宇宙诞生的行为,因为"稳住"蛇首,将木钉钉入其中,乃是模仿苏摩(《梨俱吠陀》II,12,1)或因陀罗的太初行为,因陀罗"将蛇击杀在蛇窟"(VI,17,9),以雷电"击碎蛇首"(I,52,10)。蛇象征混沌,无形无象。因陀罗遇见的弗栗多(Vrtra,IV,19,3),不分(*aparvan*)、未觉(*abudhyam*)、入眠(*abudhyâmânam*)、沉睡(*sushpânam*)、伸展(*âçayânam*)。雷劈和枭首相当于**创造世界**的行为,是由隐而显、从无形无相到有形有相的过渡。弗栗多曾拦截众水,藏在山洞里面。这意味着,1.弗栗多乃是**创造世界**之前一切混沌的绝对主宰——和提阿马特或其他的蛇神一样;2.或者意味着这条大蛇为自己储藏众水,罔顾世界因干旱而毁灭。不管弗栗多拦截众水是发生在创造世界的行为之前,还是在世界初创以后,其意义仍然是一样的:弗栗多"阻碍"[39]世界的创造、延续。弗栗多,无形、潜伏、无象的象征,代表着**创造世界**之前的混沌。

在《曼诺拉大师传奇评注》中[40],我们试图用模仿宇宙诞生的行为来解释建筑仪式。这些仪式包含的理论可以概述如下:任何事物如果没有"赋予生命",没有通过献祭而赋予"灵魂",它是不能持久的;建筑仪式之原型,即为世界奠基之时发生的献祭行为。事实上,根据某些远古时代的宇宙诞生说,世界的存在,乃是通过一头象征**混沌**的太初怪物(提阿马特),或宇宙巨人(伊米尔、盘古、普鲁沙)的献祭而实现的。为了确保某个建筑是真实的、长久的,就要重复那次神圣的完美建筑行为,亦即世界和人类的**创造**。第一步,通过祝圣土地,亦即将其转化为"中心",确保该地成为"实在";然后,通过重复神圣的献祭,确保建筑行为的有效性。自然,祝圣了一个"中心",这个空间在性质上就和世俗的空间有所不同。通过仪式的吊诡,每一个祝圣的空间都相当于**世界的中心**,就像每一次举行仪式的时间都相当于"起初"的神话时间一样。通过重复宇宙诞生的行为,具体的时间,即用于建筑的时间被投射到神话的时间,亦即世界奠基的彼时(*in illo tempore*)。由此可见,不仅世俗的空间转化为超越的空间(即中心),而且具体的时间转化为神秘的时间,这就确保了建筑对象的实在性和长久性。正如我们将会看到的那样,任何仪式不仅是在祝圣的空间(亦即本质上与世俗空间迥异),而且还在"神圣时间",彼时、起初,也就是神、祖先或者英雄第一次举行仪式的时候得以展开的。

仪式的神圣范本

每一种仪式都有一个神圣范本、一个原型;这个事实已是众所周知,我们只要回顾若干例子即可:"我们必须做诸神在太初所做的事"(《百道梵书》VII, 2, 1, 4);"诸神怎么做;人就怎么做"[《鹧鸪氏梵书》(*Taîttirîya Brâhmana*) I, 5, 9, 4]。这种印度人的格言道尽了世界各国仪式的学说。我们在所谓的原始人与在开化的文化中发现了同样的学说。例如,澳大利亚东南的原住民,利用石刀实行割礼,因为那是他们的先祖曾教导他们这样做;阿马祖鲁族的黑人也是这样做,因为恩库隆库鲁(该文化的英雄)在彼时曾降下谕旨,"人要行割礼,这样他们就不再是个小孩子了"。[41]保尼斯印第安人的哈科仪式,乃是太初之际至上神提拉瓦展示给祭司的。马达加斯加岛上的沙卡拉瓦人认为,"所有家庭的、社会的、国家的与宗教的习俗和仪式,一定要符合 lilin-draza,亦即祖先传下来的既有的以及未成文的法律……"[42],无须再举更多的例子了;所有的宗教行为都是诸神、文化英雄或神话祖先确定的。[43]顺便提一下,对"原始人"而言,不仅仪式有其神话的范本,任何人类行为只有准确重复诸神、英雄或祖先在太初之际的事迹方能有效。在本章结尾处,我们还要回过头来讨论这些人类只是一再重复的模范行为。

然而,正如我们已经说过的那样,这样一种"理论"并不仅仅解释了"原始"文化中的仪式。例如,在随后数百年的埃及,祭司之所以拥有仪式与语言的力量,也是由于他模仿透特神的太初事迹——用语言的力量创造这个世界。伊朗的传统认为,宗教节日都是由奥尔马兹达确定的,以纪念持续了一整年的宇宙创造的各个阶段。在每个阶段——分别代表天、水、地、植物、动物、人类——结束之际,奥尔马兹达各休息五天,因而确定了主要的祆教节日[参见《班达喜兴》(Bundahishn)I,A,18以下]。人只是重复创造世界的事迹而已;他的宗教历法,在一年之间,都是纪念发生于起初所有宇宙诞生的各个阶段。事实上,圣年不断重复了世界的诞生;人和宇宙的诞生、人类的诞生同时并存,因为仪式将他投射进太初的神话时代。一个巴科斯祭司,通过狂欢仪式,仿效戴奥尼索斯受难的情景;一个俄耳普斯信徒也通过入会礼的仪式,模仿俄耳普斯的原初的事迹。

犹太—基督教的安息日也是一种效法神灵(imitatio dei)。安息日的安息,乃是重现上帝的太初行为,因为第七天,上帝"造物的工已经完毕……安息了"(《创世记》2:2)。救主带来的消息,其中最紧要的一个就是效法他的榜样。耶稣为他的门徒洗脚,对他们说:"我给你们作了榜样,叫你们照着我向你们所作的去作。"(《约翰福音》13:15)谦卑只是一种美德;但是以效法救主而行的谦卑则是一种宗教行为,一种救赎之道:"我怎样爱你们,你们也要怎样相爱"(《约翰福音》13:34;15:12)。基督徒之爱因为效法基督而成圣。信徒践行基督的爱,可以消除人之身份所带来的罪恶,使人成为神圣。相信耶稣,就能做**他**所做的,消除他的局限和软弱。"我们作的事,信我的人也要作……"(《约翰福音》14:12)基督教的礼拜仪式显然就是纪念**救主**的一生和**受难**。我们稍后还将看到,这种纪念事实上也是再现"那些日子"。

结婚仪式同样也有神圣的范本,人类婚姻再现了神婚,更明确地说,就是再现**天**、**地**的结合。"我是天,"丈夫说,"你是地"[《大林间奥义书》(Brhadaranyaka Upanisad) VI,4,20]。在吠陀时代,新郎、新娘甚至类似于天、地(《阿闼婆吠陀》XIV,2,71),而在另一首赞歌里(《阿闼婆吠陀》XIV,1),每一次婚姻行为都可以用神话时代的原型解释:"阿耆尼握住大地的右手,我握住你的手……让沙维德利抓住你的手……陀湿多安排服饰,听从祭主仙人的指导、诗人的指导,装扮美貌;还要让萨维德利和跋伽用子孙环绕这个女子,如同苏利耶一般(48,49,52)。"[44]在《大林间奥义书》记载的生殖仪式里,繁殖行为变成了具有相当程度的全宇宙参与的神婚,要动员整个一组的神灵:"愿毗湿奴预备子宫!愿陀湿多赋予其形象!愿生主使(种子)注入——愿创造之主把种子植入你的身体。"(VI,4,21)[45]狄朵与埃涅阿斯在暴风雨中举行婚礼(维吉尔,《埃涅阿斯纪》VI,160);他们的结合对应于自然元素的结合;天拥抱他的新娘,播撒丰产的雨水。在希腊,结婚仪式是模仿宙斯与赫拉秘密结合的范例(保萨尼阿斯,II,36,2)。狄奥多鲁斯·希库鲁斯告诉我们,克里特岛的居民会模仿神婚;换言之,结婚仪式根据发生在"那时"的一个太初事件来加以解释。

必须强调的是,所有这些婚姻仪式都有一个宇宙诞生的结构:它不仅是一个仿效典范性的范本以及**天、地**之间神婚的问题;更重要的考虑,在于那个神婚,亦即宇宙创造的结果。正因此,在波利尼西亚,不孕妇女想生育,就会模仿**太初之母**的范式性的行为,在彼时,大神埃奥将她平放在地上。在同样场合,还要朗诵宇宙诞生的神话。相反,离婚的过程则念**"天、地分离"**的咒语。[46]在婚礼上朗诵宇宙诞生神话的仪式,在许多民族那里都十分流行;我们以后还要回到这个问题上来。此刻,我们需要指出的是:宇宙神话充当一种典范性的范本,不仅在婚礼上如此,在任何旨在复原综合整体的其他仪式上也都是如此。因而在从事治疗、受孕、诞生、农耕等活动时,都要吟诵**创造世界**的神话。宇宙诞生首先代表着创造。

春天开始,得墨特耳与伊阿西翁躺在刚播种的土地上 (《奥德赛》V, 125)。此种结合的意义甚为明显:有助于促进 土壤的肥沃,使土地的创造力喷薄而出。这种活动直至上一 个世纪,在北欧、中欧仍相当常见——夫妇在田野作象征性的 结合。[47]在中国,青年男女春游,在草地上成就好事,以刺激 "宇宙更新"及"万物生长"。事实上,每一次人类的结合都以 神婚为范例、以其为理由。《礼记》第四卷(月令)指出,春雷响 起的春天首月,天子的众妻要与天子同居。由此,宇宙的范例 由君主和全体人民共同遵守。婚姻的结合便是一种和宇宙节 律相融合的仪式,并且因为此种融合婚姻方始有效。

整个古代东方的婚姻象征体系,可以通过天上的范例加 以解释。苏美尔人在**元旦**庆祝自然元素的结合;在整个古代 东方,不仅由于神婚的神话,也由于国王和女神结合的仪式而 获得荣耀。[48]正是在这天,伊施塔尔和坦木兹同眠,而国王必 须再现这场神婚,在神庙的一间摆放有女神婚床的秘室里和 女神(亦即和在人间代表她的圣仆)举行仪式性的结合。神的 结合确保了大地丰饶;当宁利勒和恩利勒同枕共眠,天空普降 甘霖。[49]国王和女神的仪式性结合或人类夫妇在人间的结合, 同样也能确保此种丰饶。每次模仿神婚,亦即每完成一次婚 礼,世界就得到一次更新。德语"婚礼"(*Hochzeit*)一词是源自 "新年节"(*Hochgezît*)。婚姻更新了"年",因此也带来了丰饶、 富有和幸福。

将性行为等同于耕田,在许多的文化里都是屡见不鲜 的。[50]在《百道梵书》(VII, 2, 2, 5),大地被视为女性的生殖 器(*yoni*),种子被视为精液。"你们的妻子好比是你们的田地,你们可以随意耕种。"(《古兰经》II,223)[51]大多数集体狂欢,都可以找到仪式上的理由,那就是促进植物生长:它们通常是在一年中某些关键时期举行,例如种子发芽或者收获时节,而且总有神婚作为它们的神话范例。(西非)埃维部落在大麦发芽时举行狂欢;他们通过一场神婚(少女献祭给蛇神)而使狂欢得以合法化。我们发现,奥郎翁人也有同样的合法化的做法;他们在每年5月举行狂欢,那正是太阳神与大地女神结合之际。所有这些狂欢放肆之举,都有这样或那样宇宙或者生物—宇宙的行为方面的理由:一年更始、重要的收获季节等等。那些于花神节(4月28日)上在罗马大街裸体游行的男孩,那些在牧神节上触碰妇女,驱走其不育症的男孩;在霍利节之际,全印度可以恣意放肆;中、北欧在收获季节可以放纵胡为的定例——教会权威极力反对,却徒劳无功[52]——所有这些现象,都有一种超人类的原型,旨在提高世界之多产和丰饶。[53]

就本研究的目的而言,并非要弄清楚婚礼和狂欢的仪式究竟在多大程度上创造了那些用以证明其合理性的神话。重要的是:狂欢和婚姻都是通过仪式模仿宇宙神圣戏剧的某些神圣行为或情节——人间的行为通过超人间的范本而获得合法性。即使有时候,先有仪式后有神话——例如,婚前的结合仪式,先于赫拉与宙斯发生婚前关系的神话,该神话可以解释这种关系——这个事实丝毫不会降低仪式的神圣性。神话之"晚",只是成形较晚而已;但它的内容自远古时代就有,而且总是包含有圣事的成分——亦即包含有一些以绝对实在、超人间的实在为前提的行为。

"世俗"行为的原型

总之，我们可以说，远古世界里全无"世俗的"行为：任何有着明确意义的行为——狩猎、捕鱼、农耕；竞技、斗争、性行为——在某种程度上都是分享了神圣。我们在以后将更加清楚地看到，纯粹"世俗的"活动是指没有任何神话意义的活动、缺乏典范性的范本的活动。因此，我们可以说：任何旨在寻求明确目的的活动，在远古世界都是一种仪式。但是，由于这些行为大多数都已经历一段漫长的去神圣化过程，到现代社会，它们已经变为"世俗的"行为，因而我们认为它们归为另外一类。

以舞蹈为例。所有舞蹈最初都是神圣的；换言之，它们都有一个超人间的范本。这个范本在某些情况下可以是图腾的或象征的动物，人们重复它们的动作，通过法术使它们出现、增加它们的数目，或使其与动物合一。在其他一切情况下，范本可以通过神（例如雅典娜创造的战舞 pyrrhique），或英雄（如提修斯在迷宫里的舞蹈）启示人间。跳舞是为获得食物、礼敬死者、维护宇宙正常秩序。在入会礼上、在巫术—宗教仪式上，或在婚礼上皆可跳舞。在此无需讨论细节。我们感兴趣的是，它预设了一个超人间的起源（任何舞蹈都是在彼时即神话时代，由"祖先"、图腾动物、神祇或英雄创造的）。舞蹈旋律有着人类世俗生活以外的范本；不管它们是否再现图腾或象征动物的动作，抑或星辰的运行；也不管它本身是否构成仪式（配上仪式乐器的迷宫之舞步、跳跃，舞姿等）——舞蹈总是模仿一个原型的行为，或纪念一个神话情节。总之，它重复，因此也是再现彼时，亦即"那些日子"。

斗争、冲突以及战争，大多都有仪式的原因和功能。它们或为部族两派之间、或为两个神灵代表之间（例如在埃及，代表俄赛里斯与代表塞特的两个团体之间的斗争）的严重对立；但是，这种对立总是为了纪念一个神圣的或者宇宙事件。战争或决斗绝对无法用理性的动机来解释。霍卡特非常正确地解释了敌对行为有着仪式的作用。[54]每次重复的冲突，都是对原型范本的模仿。在北欧传说中，最初的决斗是托尔被巨人鲁尼尔激怒，和他在"战场"上相遇，只一战便征服了他。印欧神话中也有相同主题。乔治·杜梅齐尔[55]正确地提出，它虽较晚形成，但确实是一次古代军事入会礼的真实范本。年轻的武士必须再现托尔与鲁尼尔两者间的打斗；事实上，这种军事入会礼包含一个大胆的行为，其神话原型就是击杀三头怪物。暴躁的夺命武士（berserkir）就体现了太初世界的神圣愤怒（wut，ménos，furor）的状态。

印度的君王祝圣仪式，"只不过是在人间再现第一位君主缚噜拏（Varuna）为自己所做的古老的祝圣仪式——就像《婆罗门书》所一次又一次重复的那样……我们发现，完全通过对仪式的解释虽然枯燥，但颇具启发性地强调，即如果说，这位国王之所以这样或那样做，只是因为在时间破晓之际，在祝圣之日，缚噜拏正是这样做的"。[56]从目前所有其他传说中，我们见到了相同的机制。[57]建筑仪式也是重复了宇宙诞生的太初行为。在建造住所、教堂、桥梁时之所以必须献祭，也是要在人类的层面模仿彼时世界诞生的献祭活动（参见第二章）。

至于某些神奇的具有疗效的草药,那也是由于天上有着该植物的原型,或是由于某个神灵最初的采集。任何植物本身无所谓珍贵,只有当它分享了原型,或者重复了某些行为或者语言,通过将其与世俗的空间相区隔而祝圣它,才变得珍贵起来。16 世纪英格兰人采集药草使用的两段咒语,说明了药草疗效的源头:它们最初(亦即起初)生长在髑髅地的圣山上(位于**大地**的"中心")。

> 愿你为圣,神草啊,生长在大地之上;/最早发现你生长在髑髅地的山间。/你有益于治疗所有的疼痛,医好所有的伤口;/奉和蔼耶稣之名,我把你从地上采摘。(1584 年)

> 愿你备受尊敬,马鞭草啊,因为你生长在地上,/因为在髑髅地的山上,最早发现你。/你医治我们的救世主耶稣基督,止住他流血的伤口;/奉(圣父、圣子、圣灵的)名,我把你从地上摘采。(1608 年)

草药之有效性归因于这样一个事实,即它们的原型是彼时在髑髅山上的重要时刻发现的。它们因为治疗了救世主的伤口而得到祝圣。这些被采集的草药仅仅是因为采集者重复了这个太初的治疗行为才具有疗效。正因如此,有一个古老的咒语说道:"我们去采集草药,放在主的伤口上……"[58]

这些民间基督徒的法术咒语延续了一种古老的传统。例如在印度,草本植物劫比他果(*Kapitthaka*,*Feronia elephantum*)可治性无能,因为,彼时乾达婆用它使得缚噜拏再振雄风。因此仪式性地采摘此种植物实际上就成为对乾达婆行为的重复。"乾达婆为了雄风已逝的缚噜拏而挖掘你,我们也在此地挖掘你,一种能叫阴茎勃起的草药"(《阿闼婆吠陀》IV,4,1)。[59]

《巴黎纸草卷》(*Papyrus de Paris*)中有一段很长的咒语,表明采摘下来的草药具有不同寻常的地位:"你是克洛诺斯所种、赫拉所采、阿蒙所藏、伊希斯所生、赐予雨水的宙斯所滋养;你多亏了太阳和甘露而生长……"对基督徒而言,草药之所以有效,乃因它们是在髑髅之山上首次发现的。对古人而言,草药之所以有疗效,是因它们是由诸神首次发现的。"水苏是埃斯库拉皮厄斯或者马人客戎最早发现的……"——某篇关于草药的论文推荐的咒语如是说。[60]

要是本书提到全部人类行为的原型,未免冗长且漫无目的。例如,以"法"的观念为基础的人类公义,有着诸种宇宙规范在天界的、超越的范本[如道、义(*artha*)、梨多(*rta*)、公义(*tzedek*)、正义(*themis*)等等],这已经是众所周知的事情了。"人类的艺术作品乃是对神圣艺术的模仿"[《爱多列雅梵书》(*Aitareya Brâhmana*)Ⅵ,27][61],正如阿难达·库马拉斯瓦米的研究所绝妙指出的那样,同样也是远古时代美学的中心思想。[62]有趣的是,我们看到,至福的状态亦即 *I'eudaimonia*,乃是对神的境况的模仿,更不必说,由于重复诸神在彼时的行为(如酒神崇拜的狂欢等……)而在人灵魂深处激发的种种狂热(*enthousiasmós*)。"诸神之作遍满祝福,可观可想:人间之作最接近于此者,可至幸福之境。"(亚里士多德,《尼各马可伦理学》1178*b*,21)[63];"要尽量变得像神一样"(柏拉图,《泰阿泰德篇》176*e*);"人而至善,即近似神"(圣托马斯·阿奎那)。[64]

我们必须补充说明的是:对于传统社会而言,人生所有的重要行为都是诸神或英雄在"起初"启示的。人只是永无停止地重复那些典范的、范式性的作为。澳大利亚的犹英族认为,

达拉慕隆即"一切之父",为了他们的利益,发明了他们至今仍
在使用的用具和武器。同样地,库尔纳伊人认为,起初,至上
之神蒙甘恩古瓦,和他们共同生活在人间,教他们制造用具、
船只、武器等,"一切他们知道的手艺"。[65]在新几内亚,许多神
话都提到过长途远洋,"因而为现代航海者提供了范例",其他
活动也是如此,"不管恋爱、战争、求雨、捕鱼,抑或其他诸如此
类的活动……[神话]还赋予修造程式、性交禁忌等等提供先
例"。船长出海,就要化身为神话英雄奥利。"穿上应是奥利
穿的服装,满脸涂黑(以一种未成年的方式),对于从伊夫里头
上揪下来的须眉表现出同样的爱。他在平台上舞之蹈之,伸
展开他的胳臂就像奥利的翅膀一样……有一个人告诉我,当
他出发(用弓箭)捕鱼时,他把自己打扮成吉瓦维亚本人一样。
他不是恳求吉瓦维亚的恩宠和援助;他把自己等同于这位神
话英雄。"[66]

　　同样的神话先例的象征系统,在其他原始民族文化里也
能够找到。关于加利福尼亚的卡鲁克印第安人,哈林顿写道:
"卡鲁克人所做的每一件事都是按照规定执行的,因为他们相
信,伊科萨雷亚夫人在传说时代就已经为他们确立了范本。
在印第安人还没有到达美洲大陆以前,伊科萨雷亚夫人就已
经在此居住。现代的卡鲁克人对该词茫然无知,就自动翻译
成'王子''酋长''天使'等……[这些伊科萨雷亚夫人]与卡鲁
克人相处久了,就规定并启动一切风俗习惯,逐一地告诉他
们,'人类要同样的事'。这些事情和说法,在卡鲁克人的治疗
咒语里仍然屡被引用。"[67]

　　流行于美洲西北部仪式性交往的奇特制度——筵宴,马

塞尔·莫斯曾做了大量研究,相当著名[68]——也只是重复祖先在神话时代引入的活动。类似的例子还可以找到许许多多。[69]

神 话 和 历 史

本章引用的每一例子,都显示了"原始人"的本体论概念是相同的:只有仿效或重复某个原型,一个事物或者行为方为实在的事物或行为。因此,只有通过事物重复或分享才能获得实在性;一切缺乏典范的事物都是"无意义的",亦即缺乏实在性。因此人类总是倾向于变成原型和范式。此种倾向从表面上看似乎是矛盾的,因为(在现代人看来)浸淫于传统文化的人只有变得不再是自己并且满足于效仿和重复他人的举止行为,他才是真正的自己。换言之,只有不再是他自己,他才认为自己是真实的,亦即"真正的我"。因此,可以说,这种"原始人"的本体论具有柏拉图学派的结构;在此意义上,柏拉图可以视为杰出的"原始人心态"的哲学家,亦即他做到了赋予远古人类的生活和行为模式以哲学的普遍性与有效性。显然,这个评价无损于这位哲学天才的原创性;因为他的哲学家称号值得我们赞美,乃在他用他那个时代的精神提供给他的辩证方法,对此种古代人类的观点作了理论解释。

但是,在这里,我们的兴趣不在柏拉图哲学的这个方面;而在远古时代的本体论。辨认出这种本体论具有柏拉图哲学的结构,并不能让我们走得很远。同样重要的是,从前文所引述的事实的分析中可以引申出第二个结论——通过模仿原型、重复范式性的行为可以消弭时间。例如,献祭不仅再现神在时间开始之际,亦即起初所启示的首次献祭,它事实上也是发生在同样的太初的神话时刻;换言之,每一次献祭都重复了最初的献祭,而且与之相一致。一切献祭都是在神话的开始之际举行的;通过似乎自相矛盾的仪式,世俗时间及其赓续悬停了。所有的重复举行的仪式莫不如此,亦即都是对原型的模仿;通过此种模仿,人被投射进原型首次揭示的神话时刻。由此,我们可以感受到原始人本体论的第二个方面:如果说一个行为(或事物)重复某种典范行为而获得实在性,而且也仅仅借着它而获得实在性,那么它便意味着消弭了世俗的时间,消弭了赓续,消弭了"历史";那些重复典范性行为的人,便由此发现自己进入了该典范行为显现的神话时代。

当然,消弭世俗的时间与个人之投射到神话时间,只是在某些重要阶段才会发生,也就是个人成为其真正的我:即在举行仪式或重要活动中(例如:饮食、生殖、庆典、狩猎、渔捞、战争、劳动等等)。他生命中的其余部分还是要在毫无意义的世俗时间亦即在"变化"的状态中消磨殆尽。婆罗门教的文献清楚地阐述了两种时间即神圣的时间和世俗的时间的异质性,神圣的时间是诸神的模态,与"长生"不悖,世俗的时间是人类的模态,与"死亡"并行。献祭者由于重复了原型的献祭,在全部的庆典活动中,抛弃了有死的世俗世界,将自己引入长生的神圣之境。实际上,他宣称:"我已抵达天界,与诸神同在;我已不朽。"[《泰迪利雅本集》(*Taittirîya Samhitâ*)I,7,9]。要是他再度回到在仪式期间已经离开的世俗世界,他会立即死去;因此,要让这个献祭者回到世俗时间,举行各种去神圣化的仪式是必不可少的。两性结合的庆典也是如此；个人不再生活在世俗和无意义的时间里面，因为他正模仿神圣原型（"我是天，你是地"等等）。美拉尼西亚的渔夫出海时，他就化身为英雄奥利，被投射到神话的时间、范式性大航海发生的时候。就像世俗空间被"中心"的象征系统取消一样——这个"中心"的象征系统将任何神庙、宫殿或建筑投射到同样的神话空间中心点，古人任何有意义的行为，任何真实的行为，亦即任何重复原型的行为，都会暂时悬停时间的赓续、消弭世俗时间，并且分享神话时间。

此种世俗时间的悬停，反映了原始人的一种深层需要，我们在下一章中考察涉及时间的更新和**新年**的象征系统等一系列相关概念时还将看到这一点。那时，我们将会理解，古代文化的人类难以忍受"历史"，他总要尝试周期性地消弭它。我们在本章已考察过的事实，那时就会获得其他一些意义。但是，在涉入时间的更新问题以前，我们必须从另一观点探讨人通过重复而转变为原型的机制。我们将考察一个明确的个案：在多大的程度上，集体记忆保留了一个"历史"事件的回忆？我们看到，任何一个武士都模仿英雄，尽可能接近这个原初的范本。现在让我们看看，民间的记忆是如何保留一个史料翔实的历史人物的。从此种角度探讨问题，我们就向前跨进了一大步，因为在这个例子中，我们所面对的这个社会虽然是"民间的"，却不可以称之为"原始人"的社会。

仅举一个例子，有一个大家熟悉的范式性的神话，讲述了**英雄**和大蛇的战斗，大蛇通常有三个头，有时候大蛇也代之以海怪（因陀罗、赫拉克勒斯、马尔杜克等）。在传说多少还非常活跃的地方，一些伟大的君主都认为自己就是太初英雄的模仿者。大流士把自己视为新的泰雷伊多纳——伊朗神话中杀死三头怪物的英雄；在他看来，也正是通过他，历史更新了，因为他事实上复活了、重现了那个太初的英雄神话。法老的敌人被视为"废墟之子、狼、狗"等等。在《阿波非斯之书》里，凡是法老与之作战的敌人都被等同为阿波非斯，法老自己则相当于征服恶龙的瑞神。[70]同样由历史变形为神话的例子，在希伯来诗人的观念里也可以找到，只是角度有所不同而已。为了"忍受历史"，也就是忍受军事失败和政治屈辱，希伯来人用极其古老的宇宙诞生的英雄神话来解释当代的事件，恶龙固然取得了暂时的胜利，但它终将被一个国王——弥赛亚王消灭。所以，他们想象异邦诸王（《撒督残篇》IX：19—20）都具有恶龙的性格：就像《所罗门诗篇》（IX：29）描绘的庞培；耶利米所说的尼布甲尼撒（51：34）。在《亚设遗训》（VII：3）里，弥赛亚杀死了水底的龙（参见《诗篇》74：13）。

从大流士、法老，还有希伯来的弥赛亚的传统来看，我们面对的是一种用神话来解释当代历史"精英阶层"的思维架构。一系列当代事件经过他们的演绎和诠释而与非时间的英雄神话的范本相符合。在喜欢吹毛求疵的现代人看来，大流士的自命不凡无非只是炫耀或者政治宣传而已；而神话般地将异邦诸王转变为恶龙，代表着少数希伯来人不能忍受"历史现实"，因此在神话和一厢情愿的思想里逃避自我，寻找安慰。这样的解释是错误的，因为它并没有考虑到远古时代的心态结构，这样一个事实可以证明这一点，即面对历史人物与事件，民间记忆会采取一种极为相似的演绎和诠释过程。如果说亚历山大的生平被改造成为一个神话，那么这可能出自文人之手，可说是被人工雕琢出来的。但对于我们下面将要提到的文献，这种反对的意见就毫无力量了。

罗得岛圣约翰骑士团的第三任总团长狄奥多内·德·戈松，以杀死玛尔帕索龙而闻名。这个传说自然是把战胜魔鬼而出名的圣乔治的属性附会到了戈松身上。不消说，戈松时代的文献根本没有提到这种战斗，而且在这位英雄出生之后两个世纪才有人提到这场战斗。换言之，只是因为被视为英雄，德·戈松就被等同于一个范畴和原型了，这个范畴和原型完全无视他真正的、历史的生平，给他配置了一个无法消除的、和蛇怪大战一场的神话生平。[71]

在探讨历史民谣起源的丰富资料的研究中，佩特鲁·卡拉曼发现，有一件极其清楚的历史事件，即严寒的 1499 年冬，马阔斯帕夏远征波兰——雷恩克拉维的编年史以及其他波兰的史料都提到此事，此次远征，土耳其军队在摩尔达维亚全军覆没——讲述土耳其人惨败的罗马尼亚民谣，却什么也没有保留下来，这个历史事件已经被改写成一个神话行为（马阔斯帕夏大战寒冬国王等等）。[72]

历史人物之"神话化"，在南斯拉夫的英雄诗歌里我们发现也是如出一辙。南斯拉夫史诗中的主角 14 世纪下半叶的马可·科拉耶维奇以勇气闻名。他的历史存在是无可置疑的，我们甚至都知道他的卒年（1394 年）。但是马可一旦被吸收进民间记忆，这个历史人物马上就被消弭了，他的生平按照神话的规范而被重新建构。他母亲是一个仙女（Vila），就像希腊英雄是女神或水神的儿子；他的妻子也是个仙女；他设下巧计方才赢得她的芳心,他小心翼翼地隐藏起她的翅膀,以免她找到飞走——顺便一说,按照其他版本的民谣,在第一个孩子出生以后,这事果然发生了。[73]和因陀罗、泰雷伊多纳、赫拉克勒斯以及其他的原型范本一样,马可大战三首怪龙,将它杀死了。[74]为了使他和兄弟阋墙的神话原型相一致,他还和兄弟安德里亚大战,最后杀了他。和其他古代的传奇如出一辙,马可传说中的时代错置不胜枚举。马可死于 1394 年,却和因大约 1450 年与土耳其作战而一举成名的约翰·匈牙狄,时而为友,时而为敌。

有趣的是,我们发现,直到 17 世纪,这两位英雄才在民谣抄本中被联系在一起;而这已是匈牙狄死后两世纪的事情了。现代史诗里面,时代错置的情况绝非鲜见。[75]只是这些史诗里面歌颂的人物还没有来得及转变成为神话英雄而已。

同样的神话之名声也让其他南斯拉夫史诗中的英雄增添异彩。伏卡辛、诺瓦克都娶上了仙女。乌克(Vuk,"龙王")和雅斯特雷巴奇龙作战,他自己也能化身为龙。1471—1485 年间统治斯雷姆的乌克,前去援救死于百年前的拉扎尔和米利察。在那些反映第一次科索沃战争(1389 年)的诗歌里,已经死了二十年(如伏卡辛)或者要到一个世纪后才死去的人物(如埃尔西奇·斯捷潘)都赫然在列。仙女治疗受伤的英雄,使其复原,预告未来,警告危险——就像神话里的女神帮助、保护英雄一样。英雄的"考验"自然也不可缺少:箭穿苹果、跳跃数马,在穿着同样服饰的一群少年中辨认某位姑娘等。[76]

某些俄罗斯的英雄叙事诗(bylines)也许很有可能和历史原型关系密切。基辅传奇中的一群英雄,在编年史里都曾被提到。但其历史性也就只有这点了。我们甚至不能确定,传奇的核心人物弗拉基米尔王子,到底是死于 1051 年的弗拉基米尔一世,还是 1113—1125 年在位的弗拉基米尔二世。至于这个传奇中的伟大英雄斯维亚脱戈、米库拉和伏尔加,他们的为人与冒险活动中几乎没有保留下任何历史的元素。他们最终与神话和民间传说中的英雄浑然一体。基辅传奇中的主角之一多布雷尼亚·尼基季奇,在英雄叙事诗里有时作为弗拉基米尔的外甥出现,他的主要功绩却是神话的:他杀了一条十二首恶龙。叙事诗中的另有一位英雄波图卡的圣米歇尔,杀死了一条正要吞食当作供品的少女的恶龙。

在某种程度上,我们见证了历史人物变身为神话英雄的过程。我们并不是仅指某种超自然元素的宣说强化了他们的传奇:例如,基辅传奇中的英雄伏尔加,就像萨满或者古代传说中的人物一样,化身为鸟或狼;伊戈尔生来银足、金臂,头上覆满珍珠;穆罗姆的伊利亚类似民间故事里的巨人——他吹嘘自己能使**天地**相合,等等。我们还另有所指:此种成为民间史诗主人公的历史原型的神话化,乃是按照一种典范标准而完成的;他们是按照古代神话中的“英雄形象”塑造出来。他们都有着相似的奇迹般的诞生;正如《摩诃婆罗多》与《荷马史诗》那样,他们的双亲至少有一方是神。正如鞑靼人和波利尼西亚人的史诗那样,这些英雄都有上临**天堂**、下入**地狱**的经历。

再说一遍,史诗中著名人物的历史特征是毋庸置疑的。但他们的历史真实性并不能长期抗拒为神话化所销蚀。历史事件本身不管多么重要,都不能保存在民间的记忆里,而且,特定的历史事件只有趋近于一个神话的模型,否则对它的回忆无法点燃诗性的想象。在描写拿破仑 1812 年大举入侵的英雄叙事诗里,作为全军统帅的沙皇亚历山大一世早被遗忘,影响深远的博罗季诺会战也踪迹全无;保留下来的只有借着民间**英雄**显现的库图佐夫。1912 年,整个塞尔维亚旅都看见了马可·科拉耶维奇率军攻打普利莱普城堡,几个世纪前,该城堡曾是这位民间英雄的采邑:某个特殊的英雄业绩足以激发民间想象,抓住这个业绩,使之被吸收到马可业绩的传统原型里面去,尤其是他自己的城堡陷入了危险之际。

"神话是英雄故事发展的最终的而非最初的阶段"。[77]但是这只是证实了许多学者(如卡拉曼等)得出的结论:一个历史事件或真实人物,在民间记忆中充其量只能存活两三个世纪。这是因为民间的记忆很难保存"个体"的事件和"真实"的人物。记忆所依靠的发生作用的结构相当特殊:它以范畴代替事件、以原型代替历史人物。历史人物被吸收进神话范本(如英雄神话等),而被等同于神话活动的范畴(如与怪物或敌对的兄弟打斗等)。如果某些史诗保存了所谓的"历史真相",这真相完全与特定的人物和事件无关,而是与制度、习俗、风土相关。例如,正如穆尔克所观察到的那样,塞尔维亚史诗准确无误地描绘了 1699 年《卡洛维兹和约》以前,奥地利—土耳其以及土耳其—威尼斯边界的生活。[78]但是这种"历史真相"无关乎人物或事件,而是关乎社会和政治生活的传统形式(其"变化"较个人之"变化"更为缓慢)——总之,关乎诸种原型。

集体记忆是反历史的。这样说并不是指民间故事"起源于民间",也不是说史诗就是集体的创作。穆尔克、查德威克等学者已经指出,富有创造性的人、"艺术家"在史诗的创作与发展方面扮演着重要角色。除了民间故事主题的起源、史诗创作者的天才以外，我们还想说的是：经过两三个世纪以后，历史事件的记忆就会被修正，以适应远古时代心态的模式，这个模式不会接受个体，只保存范型。事件化约为范畴，个体化约为原型，此种过程在欧洲的民间层面的意识上直至今日几乎还一直在发生。我们可以说，民间记忆恢复了现代历史人物作为原型的模仿者和原型行为的再现者的意义——此种意义，古代社会的成员是一直意识到的，而且还会继续意识到（如本章所引的例子），倒是狄奥多内·德·戈松或是马可·科拉耶维奇等英雄人物本人已经被忘却了。

有时候，虽然很少见，一个研究者还会遇到一个历史事件如何转化成神话的过程。就在上一次大战前，罗马尼亚的民俗学家康斯坦丁·布雷罗乌正好记录下马拉穆列什县的一个村庄绝妙的民谣。民谣的主题为一场爱情悲剧：一位年轻的求婚者受了山林女妖的迷惑，在他就要结婚之前几天，女妖在嫉妒心的驱使下，把他推下悬崖。第二天，牧羊人发现他的尸体，还看见他的帽子挂在一棵树上。他们把尸体带回村里，未婚妻出来迎接他们；看见爱人已死，她唱出一段挽歌，挽歌充满神话的譬喻，堪称一篇充满乡野之美的祷文。这就是那支民谣的大致内容。在记录他收集到的这支民谣的不同版本的过程中，这位民俗学家试着了解这个悲剧发生的年代；村民们告诉他，那是个非常古老的故事，发生在"很久以前"。然而，经过锲而不舍的追查，他得知这个事情就发生在四十年前不到的时代。最后他甚至发现女主人公还活在人间。于是他去拜访她，听她亲口讲这个故事。其实那只是一个非常普通的悲剧:一天夜里,她的爱人滑落悬崖,他没有当场摔死,他的哀号被登山者听到,他被运回村庄之后不久才死去。在葬礼上,他的未婚妻与村里其他妇女按照风俗不断吟唱仪式性的挽歌,根本没有提到什么山林女妖。

　　由此可见,尽管主要的证人还健在,只消几年的时间,就足以将事件的全部历史真实性剥离,从而将其转变成一个传说故事:嫉妒的女妖、年轻人被害、发现尸体、未婚妻吟唱充满神话主题的挽歌。几乎全村所有人都是那个真实的历史事实的同时代人,但是这个事实并不能满足他们:一个青年人在结婚前夕悲剧性地死去,毕竟和纯粹的意外死亡有些不同;它具有的神秘意义,只能通过将其与神话的范畴合而为一之后才能够揭示出来。这个意外事件的神话化并没有停留在民谣创作的阶段。人们轻松地、"随意地"谈及青年之死,却念念不忘讲述那个嫉妒女妖的故事。这位民俗学家提醒村民注意那个事件的真正版本,他们回答说那老妇人自己遗忘了;她悲伤过度,心智不全。只有神话才是真实的:真实的故事只是一个虚构而已。不仅如此,神话使得真实故事产生一种更深刻的、更丰富的意义,从而揭示了一种悲剧命运,不正是由于这样一个事实,神话才更加真实了吗?

　　民间记忆的反历史特征,以及集体记忆除非将历史事件或个别人物转化成原型——也就是说,消除它们全部的"历史性"或"个体性"——否则就不能将它们保留下来的特征,产生了一系列新的问题,但目前我们必须将它们暂且搁置一旁。但是在这里我们有权自问:对古人的意识而言原型具有极大的重要性，以及民间记忆不能保存原型以外的任何东西，这些事实除了透露出传统精神性之抗拒历史外，是否还向我们透露出更多其他的消息；这种记忆的空白，是否解释了人类的个体性本身——这种个体性具有创造的自觉，最终构成历史的真实性和不可逆——有着转瞬即逝的特点，或者至少是第二性的？不管怎样，值得注意的是，一方面，民间记忆拒绝保存一个英雄生平中个人的、"历史的"元素，而另一方面，更高的神秘经验则表明，有人格的神最终提升为超人格的神。从这个观点来比较各种不同传统中的死后生命的概念，应当会有所启发。死者转化"祖先"与个体融入原型的范畴相呼应。许多传统（例如在希腊）相信：普通人死后，灵魂就不再拥有"记忆"；也就是说，他们失去了他们的所谓历史之个体性。死后化为鬼魂，在某种意义上，意味着他们与祖先的非人格原型再度合二为一。希腊传统认为只有英雄死后才保持人格（亦即他们的记忆），这是不难理解的：英雄在世，所作所为，无一不具范型意义，故能保留那些事的记忆，因为从某种观点看，那些行为都是非人格的。

死者转化为"祖先"的观念，以及死亡可视为个体"历史"的终结，这些我们姑且不论，那段"历史的"死后记忆是有限的，换言之，对受难、历史事件，以及所有严格意义上和那个个体相关的记忆，在他死后的某一时刻便宣告终结，这不是很自然的吗？或许有人会反对说：一种非人格的存活就等于真正的死亡（因为只有与赓续和历史相关联的人格和记忆才可谓存活），这样的反对意见只有从"历史意识"的观点，换言之，从现代人的观点来看，才是有效的，对于古人的意识而言，"个体的"记忆没有多大的重要性。"非人格意识的存活"难以规定其意义所在,不过某些灵性体验可以稍有领略。当我们聆听巴赫的音乐,或专注于解决数学问题,或聚精会神地考察任何哲学问题时,我们能够感受到怎样一种"个体的""历史的"事物吗?现代人因为听任自己深受历史的影响,所以觉得这种非人格的可能性消融了自己。但对历史的"新"以及"不可逆"感到兴趣,在人类生活的历史上,这是晚近的事情。相反,我们现在所看到的,古人不遗余力地保卫自己,抵抗历史必然带来的一切新生事物与不可逆。

注 释

[1] 参见拙著 *Traité d'histoire des religions*,pp.91ff.。

[2] 拙著 *Cosmologie şi alchimie bab iloniană*(Bucharest, 1937),pp.21ff.。

[3] Edward Chiera, *Sumerian Religion Texts*, I(Upland, 1924),p.29.

[4] Uni Harva(formerly Hoilberg),Der Baum des Lebens(Annales Accademiae Scientiarum Feunicae, Helsinki, 1923),p.39.

[5] Raymond Weil, *Le Champs des roseaux et le champs des offrandes dans la religion unéraire et la religion générale*(Paris, 1936),pp.62ff.

[6] H.S.Nyberg, "questions de cosmogonie et de cosmologie mazdéennes", *Journal Asiatique*(Paris), CCXIX(July-Sept., 1931), pp.35—36。但是,正如亨利·科宾正确指出的那样,"避免将它们(亦即曼诺格和盖提格)的对照还原到柏拉图的框架里面去,此处所言并不是理念和物质之间的对立,也不是普遍的和感性的对立。曼诺格毋宁可以翻译为'天界状态'——看不见的、细微的、精神的,但完全是具体的。盖提格则是指一种地界的状态——看得见的,当然也是物质的,但是,这种事物本身也是光明的,是一种和相对于我

们实际所知道的物质相比较的非物质的物质"。科宾，*Eranos-Jahrbuch*，XX(Zurich，1951)，p.153。

[7] 参见 Raphael Patai，*Man and Temple*(London，1947)，pp.130ff. 有关拉比传统的研究。

[8] E.Burrow，"Some Cosmological Patterns in Babylonian Religion"，*The Labyrinth*，ed. S.H.Hooke(London，1935)，pp.65ff.

[9] 参见拙著 *Cosmologie*，p.22；Burrows，pp.60ff.。

[10] Wisdom of Solomon 9：8，trans. R.H.Charles，*The Apocrypha and Pseudepigraphy of the Old Testament in English*(Oxford，1913)，I，p.549.

[11] Charles，II，p.482.

[12] Charles，II，p.405；Alberto Pincherle，*Gli Oracoli Sibillni giudaici*(Rome，1922)，pp.95—96.

[13] 锡吉里耶，传说斯里兰卡孔雀王朝塔都舍那国王(公元 435—473年)之子迦叶波弑父篡位，迁都锡吉里耶，今为斯里兰卡旅游胜地。——译者识

[14] 参见 van Hamel，转引自 Gerardus van der Leeuw，*L'Homme primitif et la religion*(French trans.，Paris，1940)，p.110。

[15] Ananda K.Coomaraswamy，*The Rg Veda as Land-náma-bók*(London，1935)，p.16，etc.

[16] 例如，*Śatapatha Brāhmaṇa*，XIV，1，2，26，etc.；参见下文第二章。

[17] 参见拙著 *Cosmoligie*，pp.26—50；亦可参见拙著 *Images et Symboles*(Paris，1952)，ch.I。

[18] Willibald Kirfel，*Die Kosmographie der Inder*(Bonn，1929)，p.15；Harra，p.41；Arthur Christensen，*Les Types du premier homme du premier roi dans l'histoire légendaire des Iraniens*，II (Stockholm，

1917），p.42；以及拙著 *Le Chamanisme et les techniques archaïques de l'extase*（Paris，1951），pp.242ff.。

[19] 参见 Paul Schebesta，*Les Pygmées*（French trans.，Paris，1940），pp.156ff.；其他例证参见拙著 *Le Chamanisme*，pp.253ff.。

[20] 例如参见 W.Gaerte，"Kosmische Vorstellungen im Bilde prähistorischer Zeit：Erdberg，Himmelsberg，Erdnabel und Weltströme"，*Anthropos*（Salzburg），IX(1914)，pp.956—979。

[21] Alfred Jermias，*Handbuch der altorientalischen Geisteskultur*（2nd edn.，Berlin and Leipzig，1929），p.130.

[22] 参见 Burrows，p.51，p.54，p.62，note 1；A.J.Wensinck，*The Idea of the Wetern Semites Concerning the Naval of the Earth*（Amsterdam，1916），p.15；Patai，p.85。埃及同样的象征系统，参见 Patai，p.101，note 100。

[23] 例如，在 Little Russians；Mansikka 中间，转引自 Harva，p.72。

[24] Theodor Dombart，*Der Sakraltum*，Part I：*Zikkurrat*（Munich，1920），p.34；参见 A.Parrot，*Ziggurrat et Tour de Babel*（Paris，1949）。印度神庙也等同于山：参见 Willy Foy，"Indische Kultbauten als Symbole des Götterbergs"，*Festschrift Ernst Windisch zum siebzigsten Geburstag … Dargebracht*（Leipzig，1914），pp.213—216。阿兹特克人中也有同样的象征系统：参见 Walter Krickeberg，"Bauform und Weltbild im alten Mexico"，*Paideuma*（Bamberg），IV(1950)，pp.295—333。

[25] W.F.Albright，"The Mouth of the Rivers"，*The American Journal of Semitic Languages and Literatures*（Chicago），XXXV(1919)，p.173.

[26] Marcel Granet，*La Pensée chinoise*（Paris，1934），p.324；拙著 *Le Chamanisme*，pp.243ff.。

[27] *Kisā'ī*，fol.15；转引自 Wensinck，p.15。

［28］ Jeremias，p.113；Burrows，pp.46ff.，50.

［29］ Burrows 书收录的文献，p.49；亦可参见 Patai，pp.55ff.。

［30］ 文本转引自 Wensink，p.19，p.16；亦可参见 W.H.Roscher，"Neue Omphalosstudien"，*Abhandlungen der königlich Sächsischen Gesellschaft der Wissenschaft*（Leipzig），*Phil.-hist. Klasse*，XXXI，I(1915)，pp. 16ff.，73ff.；Burrows，p.57；Patai，p.85。

［31］ 参见 Kirfel 的注释，p.8。

［32］ Burrows，p.49；Christensen，I，pp.22ff.

［33］ Wensinck，p.14；Sir E.A.Wallis Budge，*The Book of the Cave of Treasures*（trans. from the Syriac, London，1927），p.53；Oskar Daehnhardt，*Natursages*，I（Leipzig，1909），p. 112；Burrows，p.57.

［34］ 关于近东神庙的宇宙象征系统，参见 A.M.Hocart，*Kings and Councillors*（Cairo，1936），pp.220ff.；Patai，pp.106ff.。关于罗马教堂和大教堂的宇宙象征系统，参见 Hans Sedlmayr，"Architectur als abbildende Kunst"，*Österreichische Akademie der Wissenschaften*，*Sitzungsberichte*（Vienna），*Phil.-hist. Klasse*，225/3（1948），以及 *Die Kathedrale*（Zurich，1950）。

［35］ 参见拙著 *Images et symboles*。

［36］ 印度教七大朝圣地之一，位于北阿坎德邦，恒河在此流入恒河平原。——译者识

［37］ *Comentarii la legenda Meşterului Manole*（Bucharest，1943）.

［38］ Mrs.（Margaret）Sinclair Stevenson，*The Rites of the Twice-Born*（London，1920），p.354 and note.

［39］ 梅菲斯托费勒斯（Mephistopheles）也是 *der Vater aller Hindernisse*，"一切障碍的制造人"（《浮士德》，v. 6209）。

［40］ 曼诺拉大师传奇是一则罗马尼亚民间故事。大意是说，16 世纪

有位曼诺拉大师,是个能工巧匠。应王子之邀建造一座修道院,
但是院墙总是倒塌。曼诺拉按照梦托,和工匠们约定,谁家的妻
子若第一个出现在工地上,就用她祭墙。不料第一位来到工地的
恰好是曼诺拉大师的妻子,曼诺拉只好如约将她活埋在墙下,由
此建造了一幢全罗马尼亚最美的修道院。——译者识

[41] A. W. Howitt, *The Native Tribes of South-East Australia* (London, 1904), pp.645ff.; Henry Callaway, *The Religious System of the Amazulu* (London, 1869), p.58.

[42] Arnold van Gennep, *Tabou et totémisme à Madagascar* (Paris, 1904), pp.27ff.

[43] 参见 Gerardus van der Leeuw, *Phänomenologie der Religion* (Tübingen, 1933), pp.349ff., 360ff.。

[44] W. D. Whitney & C. R. Lanman trans. *Atharva-Veda* (Harvard Onental Series, VIII, Cambridge, Mass., 1905), pp.750—751.

[45] R. C. Hume trans. *The Thirteen Principal Upanishads* (Oxford, 1931).

[46] 参见 E. S. C. Handy, *Polynesian Religion* (Honolulu, 1927), pp.10ff.; Raffaele Pettazzoni, "Io and Rangi", *Pro regno pro sanctuario* (in homage to G. van der Leeuw) (Nijkerk, 1950), pp.359—360。

[47] J. W. E. Mannhardt, *Wald-und Feldkulte*, I (2nd edn., Berlin, 1904—1905), pp.169ff., 180ff.

[48] 参见 S. H. Hooke 主编 *Myth and Ritual* (London, 1935), pp.9, 19, 34ff.。

[49] René Labat, *Le Caractère religieux de la royauté assyro-babylonienne* (Paris, 1939), pp.247ff.;以色列也有类似的神婚—仪式的组合的遗迹,参见 Patai, pp.90ff.。

[50] 参见拙著 *Traité d'histoire des religions*, pp.303ff.,论农耕神秘主义的部分。

[51] E.H.Palmer 译 *Sacred Books of the East*，VI，p.33。

[52] 例如，参见公元 590 年举行的欧塞尔会议。

[53] 关于狂欢的宇宙论意义，参见下文第二章。

[54] A.M.Hocart，*Le Progrès de l'homme*（French trans.，Paris，1935），pp.188ff.，319ff.；也参见 W.C.MacLeod，*The Origin and History of Politics*（New York，1931）pp.217ff.。

[55] 参见所著 *Mythes et dieux des Germains*（Paris，1939），pp.99ff.，以及所著 *Horace et les Cuiaces*（Paris，1942），pp.126ff.。

[56] Dumézil，*Ouranós-Váruṇa*（Paris，1934），p.42，p.62.

[57] 参见 Moret 对埃及王族神圣性格的出色研究，以及 Labat 对亚述—巴比伦王族的探讨。

[58] Ferdinand Ohrt，"Herha，gratiâ plena"，*FF Communications*（Helsinki），No.82（1929），p.17，p.18；及拙作"La Mandragore et le mythe de la 'naissance miraculeuse'"，*Zalmoxis*（Paris and Bucharest），III（1943），pp.1—52，尤其是pp.23ff.，以及 *Traité d'histoire des religions*，pp.257ff.。

[59] Whitney 和 Lanman 译本，VII，p.149。

[60] Armand Delatte，*Herbarius*（2nd edn.，Liége，1938），p.100，p.102.

[61] 参见 Plato，*Laws*，667—669；*Stutesman*，306d，etc.。

[62] 尤其参考 Coomaraswamy，"The Philosophy of Mediaeval and Oriental Art"，*Zalmoxis*（Paris and Bucharest），I（1938），pp.20—49，以及 *Figures of Speech or Figures of Thought*（London，1946），pp.29—96。

[63] D.P.Chase 译，*The Ethic of Aristotle*（London，1934）。

[64] 《神学大全》，q6，a2。——译者识

[65] Howitt，p.543，p.630.

［66］ F.E.Williams,转引自 Lucien Lévy-Bruhl, *La Mythologie primitive* (Paris, 1935), p.162, pp.163—164。

［67］ J.P.Harrington,转引自 Lévy-Bruhl, p.165。

［68］ Marcel Mauss, "Essai sur le don, forme archaïque de l'échange", *Année Sociologique*(Paris), I, 2nd series(1923—1924).

［69］ 尤其参考 Coomaraswamy 的研究,"Vedic Exemplarism", *Harvard Journral of Asiatic Studies*, 1(1936), pp.44—64,以及 *The Rg Veda as Land-náma-bók*(London, 1935)。

［70］ 参见 Günther Roeder 编, *Urkunden zur Religion des alten Ägypten* (Jena, 1915), pp.98ff.。

［71］ 参见 F.W.Hasluck, *Christianity and Islam under the Sultans*, II(Oxford, 1929), p.649 收集的资料。

［72］ Petru Caraman, "Geneza baladei istorice", *Anuarul Arhivei de Folklor*(Bucharest), I—II(1933—1934).

［73］ 参见毛利人神话里的英雄塔瓦基(Tawhaki),他的妻子是仙女下凡,给他生了个孩子后,即抛夫别子而去。

［74］ 在此无法深入探讨英雄与鬼怪战斗的问题（参见 Bernhard Schweitzer, *Herakles*, Tübingen, 1922; A.Lods, *Comptes rendus de l'Académie des Inscriptions*, Paris, 1943, pp.283ff.）。乔治·杜梅齐尔主张（*Horace et les Curiaces*, Paris, 1942,尤其 pp.126ff.）:英雄与三首怪的斗争,是由远古时代的入会礼仪式向神话的转变。此种入会礼当然不限于"英雄"的类型,也出现在如杜米兹所说不列颠哥伦比亚省的例子里（pp.129—130）,其中也包含有萨满教的入会礼。如果说,在基督教的神话学里,圣乔治"英勇"大战恶龙并屠之,那么,其他圣徒虽未战斗,也达到了相同的结果,参见法国传说中的圣参孙、圣玛格丽特、圣比耶等等;Paul Sébillot, *Le Folk-lore de France*, I(Paris, 1904), p.468; III(Paris, 1906), p.298，p.299.另一方面，我们也不可忘记，龙除了在英雄入会礼的神话与仪式中可能扮演某种角色，在其他许多传统中（如东亚、印度、非洲等）也是一种宇宙结构的象征：它象征宇宙内敛、成形前的模态，象征创造之前未分的"太一"[参见 Ananda K.Coomaraswamy，*The Darker side of Dawn*，Washington，1935；"Sir Gawain and the Creen Knight：Indra and Namuci"，*Speculum*（Cambridge，Mass.），Jan.，1944，pp.1—23]。几乎在每一个地方，蛇和龙都视同"地上之主"、土著（autochthons），反对任何新来者、"征服者"，凡是那些欲形成（亦即创造）被占领的土地者都必须先与之战斗（关于蛇与原住民的合二为一的现象，参见 Charles Autran，*l'Epopée indoue*，Paris，1946，pp.66ff.）。

[75] H.Munro and N.(Kershaw)Chadwick，*The Growth of Literature*，II (Cambridge，1932—1940)，pp.375ff.

[76] 参见 Chadwick 书，第二卷的文献和评断性的书目，pp.309—342，374—389，etc.。

[77] Chadwick，III，p.762.

[78] Matthias Murko，*La Poésie populaire épique en Yougoslavie au début du XXe siècle*(Paris，1929)，p.29。在本研究范围内，我们无意去探讨日耳曼、凯尔特、斯堪的那维亚及其他史诗文学中的历史与神话因素。关于这个主题，读者可参考 Chadwick 的三卷本著作。

第二章　时间的更新

"年"、新年、宇宙诞生

归为"时间的更新"范畴的仪式和信仰，可以说是五花八门，我们并不妄想将它们纳入一个连贯的、统一的体系。不管怎样，本书既不奢求阐述时间更新的各种形式，也不分析其形态和历史。我们的目的不在探讨历法如何构成，也不是要尽可能发现一套理解各民族的"年"的概念体系。在大多数原始社会里，"新年"相当于撤销对新收获的禁忌，向这个社团宣布它可食、无害。有些地方种植了不同种类的谷物、水果，要在不同的季节分别收获，有时我们就会发现好几个"新年"节。[1]这意味着"时间的划分"取决于仪式，这些仪式掌控着营养储备的更新；换言之，仪式确保整个社团的生命延续。（但不能由此说明任何结论，认为这些仪式只是经济与社会生活的反映：在传统社会里，"经济"与"社会"的意义，和现代欧洲人赋予它们的全然不同。）以阳历年为时间单位，起自埃及。其余大多数主要文化——埃及本身到某一时代也是如此——则同时使用阳历和阴历，一年360天（每年12个月，每月30天），

另加 5 天的闰日。[2]祖尼印第安人称月为"年的脚步",称年为
"时间通道"。一年之始因各个国家、各个时代而有所不同,因
此要经常开展历法改革,使得节庆的仪式意义与季节相符合。

各民族**新年**的开始并不稳定而且范围甚广——如古埃及
为 3 月至 4 月、7 月 19 日,有的在 9 月、10 月、12 月至 1 月等,
而且每年的长短各不相同,但这丝毫不能降低一个时间周期
结束、另一个时间周期开始对于各国的重要意义。因此,不难
理解,我们并不关注例如非洲约鲁巴人将一年分为旱季和雨
季,5 天为"一周";代德·卡拉巴尔人则以 8 天为一周;瓦鲁比
人用阴历划分月,于是一年大约有 13 个月;阿含塔人将每个
月分成两旬,各为 10 天(或 9 天半)。在我们看来,问题的实
质在于各地都存在时间周期的终结与开始的概念,这种概念
基于观察到了生物宇宙的节律,以及它所在的一个更大系
统——生命的周期性净化(如洁净、斋戒、告解等)与周期性更
新的系统。在我们看来,此种周期更新的需求本身具有相当
重要的意义。然而,我们在下文所列举的例子表明,它甚至还
有更为重要的意义:时间的周期性再生多少隐含着——尤其
是在历史文明中的更为明显——一个前提,一次新的**创造世
界**,换言之,一种重复宇宙诞生的行为。此种周期性创造,亦
即时间周而复始的概念,亦复提出了消弭"历史"的问题,而这
个问题正是本书特别关心之处。

凡熟悉民族学与宗教史的读者,对全部周期性仪式的重
要性会有充分了解,为方便起见,我们可以将它们分为两大
类:(1)一年一度驱逐魔鬼、疾病与罪恶;(2)新年前后数日的
仪式。詹姆士·弗雷泽爵士在《金枝》的《替罪羊》篇里,搜罗

了属于这两个范畴的大量事实。在下文复述这些材料并无任何难处。大体而言,驱逐魔鬼、疾病与罪恶的仪式可以归纳为以下诸要素:斋戒、沐浴和洁净;灭火,在仪式的下半场再重新点燃;喧哗、呼叫、敲打(在室内),然后在村里吼叫、吹喇叭,驱逐魔鬼;这种驱逐"魔鬼"可采取赶走动物("替罪羊"型)或人(马穆留斯·维特留斯[3]型)的方式进行,他们被视为有形的交通工具,将整个社团的过失放逐到居住区域之外(希伯来人和巴比伦人将替罪羊"逐入旷野")。经常有两群表演者进行仪式性的打斗;或者集体狂欢,或者戴面具(代表祖先灵魂、诸神等等)游行。许多地方还相信,在举行这些活动的时候,死者的灵魂会接近生者的家,生者要毕恭毕敬地出门迎接,在这几天里面还要对他们表现出极大的尊重,此后再将灵魂引到村外,甚至将他们赶走。与此同时,还要为年轻人举行成年仪式(我们在日本人、霍皮族印第安人以及某些印欧民族那里,都有一些确切证据可以证明;参见下文第66页以下)。驱逐魔鬼、疾病与罪恶,几乎在每一个地方都与**新年**庆典或者至少某一个阶段相重合。

自然,我们很少发现以上所述诸元素有着明显的关联;在某些社会,灭火和重新点火的仪式占据主导;在其他社会则以具体的驱除魔鬼与疾病(借着喧哗和激烈的肢体动作)为主;还有其他一些社会则以放逐"替罪羊"(以人或动物代替)为主。但是无论如何,整个仪式,如同构成该仪式的各个元素一样,其意义仍是显而易见的:在时间被分成独立的单位"年"时,我们不仅见证了某个时段的悬停以及另一时段的开始,还见证了过去的一年与过去的时间的消弭。这就是仪式性洁净的意义：个人与整个社团的错误与罪过被烧毁、消弭——而不仅是"洁净"。更新，顾名思义也是新生。前一章所引的例子，尤其在此要考察的例子清楚地表明，这种一年一度驱除罪恶、疾病与魔鬼的仪式，本质上就是要试图恢复——即使是暂时性地——神话的、太初的时间，"纯粹"的时间，**创造世界**的"那一时刻"。每一个**新年**都是时间从头再来的开始，也是重复宇宙的诞生。两组表演者仪式性的打斗、死者再世、古代罗马的农神节以及狂欢等诸多因素表明——其理由，下面将会说明——在一年结束之际，在对于"新年"的期待中，重复**混沌**化为**宇宙**的神话时刻。

巴比伦的新年庆典阿吉图（*I'akîtu*）就足以让我们得出这方面的明确结论。阿吉图可以在尼散月的春分举行，也可以在提市黎月（此语源自*shurru*，"开始"）的秋分举行。这个庆典的古老性是毋庸置疑的，虽然举行庆典的日子变化不定。其意识形态与仪式结构早在苏美尔时期就已存在；阿吉图制度在阿卡德时期就存在了。[4]这些年代上的细节无足轻重，因为我们所处理的，乃是最古老的"有历史记载的"文明的资料，其中君王扮演了重要角色，因为他被视为神的儿子，是神在人间的代理；因此，他需要为**自然**的正常运行及全体社会的良好状态负责。所以他在**新年**的庆典中扮演重要的角色，就没有什么可以吃惊的了；他有更新时间的义务。

在持续十二天的阿吉图庆典期间，所谓创造世界的《巴比伦史诗》（*Enûma elish*）要在马尔杜克神庙里被庄严吟颂数次。因此马尔杜克和海怪提阿马特的战斗被重演了——这场发生在彼时的战斗，由于神最终得胜而结束了**混沌**。[5]马尔杜克从提阿马特被撕碎的尸体中拾取碎片创造**宇宙**,用魔鬼金古的血液创造人——金古曾受提阿马特之托,掌管《命运书版》(《巴比伦史诗》VI, 33)。[6]此种对创造世界的纪念实际上就是再现宇宙诞生的行为,可由仪式以及庆典期间吟颂咒语两方面加以证明。由两群表演者模仿提阿马特和马尔杜克的战斗,此种庆典也见于赫梯人(也是放在"新年"祭的戏剧架构里表演)、埃及人以及拉斯—沙姆拉人。[7]两群表演者之间的战斗不仅纪念马尔杜克和提阿马特在太初的冲突;它还重复、再现了从混沌到宇宙诞生的历程。这个神话事件成为当下的事件:"愿他继续征服提阿马特,让他短命!"庆祝者欢呼着。这场战斗、胜利,以及**世界的创造**,就发生于那样一个重要时刻。

正是在同样的阿吉图庆典的框架里,还要举行被称为"决定命运的节日",确定来年十二个月的预兆,相当于创造未来的十二个月(在其他的传统中,这种仪式也或多或少被保存了下来)。马尔杜克下到地狱(此神为"山中囚徒",亦即冥界之中),整个社团要服丧与斋戒一段时期,连君王都要蒙受"屈辱",这个仪式构成大的狂欢体系的一部分,我们在此无法涉及。正是同一个时期,要用替罪羊的方式驱逐邪恶和罪孽。这个周期,以神与莎潘尼图结婚而结束,国王和该女神的神庙里的一名圣仆要重演这场神婚,与此相对应的当然就是一段时期的集体狂欢。[8]

正如我们所见,阿吉图节由一系列的戏剧性元素组成,意在消弭已往的时间,回复太初的混沌,重复宇宙诞生的行为:

1. 仪式的第一场景表现提阿马特的统治,标志着回归到**创造世界**以前的神话时代;所有形式都被视为没入太初的深

渊,阿普苏(*apsu*)。"快乐"国王登基、真正的君主"受辱",整
个社会秩序颠覆(据贝罗苏斯说,奴隶变成主人等等)——每
一个特征都表明世界一片混乱,秩序与等级不存,"狂欢",混
沌。可以说,我们看见了一场**大洪水**,它消灭一切人,以便为
一种全新的、更新的人类铺平道路。此外,那保存在《吉尔伽
美什史诗》(*Epic of Gilgamesh*)第11块泥版中的巴比伦大洪水
传说,不正是讲述了乌特·纳皮斯提姆登上他为逃避大洪水
而建造的那只船以前,举行了一场"如同新年(阿吉图)那天一
样的"仪式么? 我们在其他传统里也发现存在这种大洪水的
元素——有时只有水的元素。

2. 发生于彼时、每年开始之际的世界的创造,因而每年都
会再现。

3. 人类直接参与此种宇宙诞生的工作,只是范围有所缩
小(两群表演者分别代表马尔杜克与提阿马特战斗;根据西默
恩与赖岑斯坦的解释,某些场合还会举行"秘仪"[9]);此种参
与正如我们在前一章所看到的那样,将他投射到神话的时间
里,使他和宇宙诞生之际平行。

4. "决定命运的节日"也是一种创造世界的程式,每月、每
日的"命运"通过该节日得到确定。

5. 神婚是世界与人类"重生"的具体体现。

在整个古代东方世界都有和巴比伦新年相对应的意义和
仪式。我们虽已有所领略,但是还没有穷尽所有的案例。荷
兰学者文辛克的极为出色的研究,尚未引起应有的重视,他证
明在整个古代闪米特世界,各种神话—庆典体系之间存在着
某种共性;在每一个体系里,我们发现了相同的核心观念,即

世界每年都要回到混沌,再经历一次新的创造。[10]文辛克正确地察觉到**新年**仪式含有的宇宙意义(关于他对这个仪式—宇宙观念的"起源"的理论,我们不尽赞同,他认为这个观念起源于植物周期性的一岁一枯荣的壮观景象;但事实上,在"原始人"眼里,自然乃是一种神显,"自然律"揭示了神性存在的模式)。洪水,以及普遍而言,水的元素常以各种形式出现在**新年**仪式里,在仪式上常常举行酒祭以及这个仪式与雨的关系,便足以证实这点。"世界之创造就在提市黎月",犹太拉比以利以谢说;犹太拉比约书亚则宣称,"那是在尼散月"。而这两个月都是多雨的季节。[11]在住棚节来年的雨量,亦即来年诸月的"命运"已经决定了。[12]基督在主显节祝福诸水,原始基督教则习惯在复活节与元旦受洗。(受洗相当于老人在仪式性死亡后的新生。在宇宙层面上,它相当于洪水:结构消失、有形解体,归于无形。)以法莲·叙里安正确地察觉到,这种每年重复世界的创造乃是一种秘仪,他试图作如下解释:"神重新创造诸层上天,因为罪人们已经崇拜完所有的天体;祂重新创造了世界,这世界原已为亚当所污秽,一个新的创造从祂的唾液中升起。"[13]

在耶路撒冷犹太教的**新年**庆典,以及保留在耶路撒冷的献祭中也可以发现神灵大战海怪——混沌的化身并且获胜的古代场景的某些痕迹。最近的研究(如墨温克尔、彼得森、汉斯·施密特,以及 A.R.约翰逊等)已经确认了《诗篇》中的仪式元素与宇宙诞生—末世论之意义,并且证明了国王在**新年**节中扮演的角色。犹太教的**新年**节纪念耶和华,光明力量的领袖战胜黑暗势力(混沌之海、太初怪兽拉哈伯),伴随胜利而来的，便是耶和华登基为王，以及重复宇宙诞生的行为。杀死怪物拉哈伯，以及战胜诸水（意指世界之整合）相当于宇宙的创造，同时也是人类得救（战胜"死亡"、保证来年丰衣足食等等）。[14]就这些古代崇拜仪式的各种遗迹而言，我们首先要记得，**创造世界**的周期性的重复（年"底"，见《出埃及记》34：22；年"底"，23：16）；和拉哈伯的战斗，其前提是重新实现太初之混沌；而战胜诸水则意味着"稳定的形式"，亦即**创造世界**。以后我们还将看到，在希伯来人的意识中，这种宇宙诞生之胜利逐步变成了战胜现在与未来的异国诸王；宇宙诞生解释了弥赛亚思想与末日审判的合理性，并且因此奠定了一种历史哲学的基础。

此种人类的周期性的"救赎"，与确保来年食物无忧（新收成的祝圣）两相直接对应，我们不可受到这个事实的误导，而从这个庆典中只看到一种原始农耕节日的遗迹。实际上，一方面，在所有远古社会，摄食确实具有一种仪式意义。我们所谓的"生命价值"毋宁就是用生物学术语表达的一种本体论；对古人而言，生命是一种绝对实在，因而本身也是神圣的。另一方面，**新年**、所谓住棚节，显然就是耶和华的节期（《士师记》21：19；《利未记》23：39 等），定于第 7 月的第 15 日（《申命记》16：13；《撒迦利亚书》14：16），也就是赎罪日（*iôm ha-kippûrîm*，《利未记》16：28）以及替罪羊仪式后的五天。很难将这两个不同的宗教时间，亦即消除罪恶和"新年"节区别开来，尤其是如果我们还记得，在采用巴比伦历法以前，第 7 月那是犹太历**新年**的首月。在赎罪日期间，按照风俗，少女走出村子或城镇外，载歌载舞，自娱自乐，并在此时此刻安排婚姻大事。但是，也是在这一天允许人们有一些过分的行为，有时甚至是狂欢性的，这让我们联想到阿吉图的最后阶段（也在镇子外面举行庆祝），以及各种形式的放纵行为，这些都已经成为世界各地的**新年**仪式架构里的惯例了。[15]

结婚、性放纵、由忏悔与驱逐替罪羊而获得集体净化、新收成的祝圣、耶和华登基及纪念其战胜"**死亡**"等等，都是一个大范围仪式系统的诸多不同阶段。这些不同插曲的矛盾和二元对立（斋戒与放纵、悲哀与欢乐、绝望与狂欢），只是证明同一个体系架构里互补的功能。但是，其中主要的阶段，无疑还是借替罪羊而获得洁净，以及重复耶和华创造宇宙的行为；其余种种，只是同一原型行为根据不同层次的需要而进行具体的应用而已：那就是通过重复宇宙诞生，世界和生命得以更新。

创造世界的周期性

于是，世界的创造每年都需要重复。安拉"确已创造了万物，而且必加以再造"（《古兰经》10∶4）。将每个**新年**转化为一个新**纪元**的开始使得宇宙诞生的行为得以永恒再现，死者得以复生，虔信者得以维持对肉体复活的希望。我们不久还要回过头来讨论**新年**庆典与死者崇拜之间的关系。现在我们看到，几乎世界各地都有死者在新年期间（从圣诞节到主显节之间的十二天内）返回家庭（通常以"活着的死者"返回）的信仰，表明人们期望在此世界毁灭后再造的神话时刻中能够消弭时间。这时死者可以返回，因为所有在生者和死者之间的障碍都已破除(太初的混沌不是再次出现了吗?),而且在这矛盾的时刻,时间将悬停,因而他们可以返回家园,和生者同在。此外,既然新的创造世界正在预备之中,死者就可望返回不朽而具体的生命形式中来。

因此,凡是在相信肉体复活的地方,人们还相信,复活会发生在一年开始之际,亦即发生在一个新时代开启之际。莱曼和彼得森在研究闪米特民族时已证明这点,而文辛克[16]也从基督教的传统中搜集到大量的证据。例如:"全能的神(在主显节)将肉体与灵魂一起唤醒。"[17]达梅斯特德提供的一份钵罗婆文文献说:"弗拉瓦丁月的叙尔达特日,主奥尔马兹达会创造复活和'第二个肉身',将世界从恶魔造成的虚弱中拯救出来,等等。到处丰饶、衣食无忧;世界清净,人从(恶灵的)压迫下获得解放,得到永生。"[18]在卡兹维尼看来,在诺鲁孜节那天,上帝使死者复活,"把灵魂还给他们,将命令送达天庭,雨水便落到他们身上,因此这天就有将水泼在人身上的习俗"[19]。上帝用水创造世界(源于水的宇宙诞生、周期性地更新历史生命的大洪水、雨等)、诞生、复活,和**创造世界**密切关联,可由《塔木德》中的这种说法得到确认:"上帝有三把钥匙:雨,生,使死者复活。"[20]

在**新年**节庆的架构里,象征性地重复**创造世界**,至今还保存在伊朗与伊拉克的曼达派教徒那里。直到今天,在每年开始之际,波斯的鞑靼人仍在装满泥土的罐子里播下种子;他们说,这么做是纪念世界的创造。在春分时节播种的习俗(我们必须记住,在许多文明里,阳春三月乃是一年开始之际)在各地广泛存在而且总是和农业庆典关联在一起。[21]不过,植物生长的戏剧性场景融入了自然与人的周期性更新的象征体系里面。农业只是周期性更新的一个层面而已。即使这个象征体系的"农业版"以其普遍、在经验上可感而远播各地，我们也不能将该版本视为复杂的周期性更新的象征体系的原理与目的。这套象征体系的基础在于和月亮相关的神秘主义；因此，从民族志的观点来看，即使在前农耕社会，我们也可发现它的存在。最初始、最根本的是更新观念，也就是重复**创造世界**的观念。

因此，我们必须将波斯鞑靼人的风俗纳入伊朗的宇宙—末世论体系之中，以后者为前提，以后者来解释前者。波斯的**新年**诺鲁孜曾为阿胡拉·马兹达的节日（在第一个月的"奥尔马兹达"日庆祝），世界与人的创造，就是在这天完成的。[22]正是在诺鲁孜这天"世界得以更新"。[23]据狄玛斯吉转述的传说[24]，国王宣布："这是新的一年的新的一月的新的一日；过去损耗的时间一定要得到更新。"也是在这一天，人一整年的命运就确定下来了。[25]在诺鲁孜之夜，人们点亮无数灯火[26]，用水与祭酒行洁净礼，确保来年雨水丰沛。[27]此外，在"大诺鲁孜节"，按照风俗，每人都要在罐子里播下七种不同的种子。"从它们的成长情况，得知当年谷物的情形。"[28]这个风俗类似于巴比伦新年的"决定命运的日子"，时至今日，这种"决定命运的日子"仍保留在曼德教徒与伊朗中部的雅兹德人的新年庆典里面。[29]也正是因为新年重复了宇宙诞生的行为，时至今日，圣诞节与主显节之间的十二天仍被视为当年十二个月的预兆。也是因为同样的理由，欧洲农民都凭这十二天的气象判断当年每个月的气候与雨量。[30]我们几乎不需要提醒自己，正是在住棚节期间决定了分配给每个月的雨量。而吠陀时代的印度人则将仲冬的十二天视为当年的图景和摹本(《集俱吠陀》IV，33，7)。

然而，在某些地方与某些时期，尤其是大流士时代的历法里，伊朗人还有一个元旦，名叫密赫尔节，亦即密特拉的节日，时间在仲夏季节。比鲁尼说过，波斯的神学家"认为密赫尔节是世界复活和末日的记号，因为在密赫尔节，那些会成长的已经臻于完美，再无进一步成长的资源，动物也停止交配了。同样，他们也认为诺鲁孜是世界开始的一个记号，因为在诺鲁孜节所有发生的一切正好相反"。[31]根据比鲁尼转述的传统，过去一年的结束与新一年的开始，被理解为宇宙全部生物资源的枯竭、世界的真正结束。["世界的结束"，亦即一个历史循环的结束，并不都由大洪水所引发，它也可能由于火或热等所致。在一种极为壮观的启示异象中，酷暑被视为重归混沌，参见《以赛亚书》34：4，9—11；同样的想象，亦可参见《巴赫曼—耶斯特》(Bahman-Yašt)II，41；以及拉克坦修的《神圣的原理》(Divinae Institutiones)VII，16，6。][32]

在《人马兽的问题》(Le Problème des centaures)一书中，乔治·杜梅齐尔教授研究了印欧世界广大地区(斯拉夫人、伊朗人、印度人、希腊—罗马人)有关岁末年初的仪礼场景，他辨别出一些起源于入会礼，并且多少以有些走样的形式保存在神话与民俗中的元素。奥托·霍夫勒考察了日耳曼人秘密会社与男性社团的神话与仪式后，对十二个闰日，尤其是元旦的重要性，也得出了相同结论。而沃德马尔·柳曼曾以一年开始之际的祭火仪式，以及这十二闰日期间的狂欢情节为研究的主题，开展了广泛研究，尽管其研究取向和结论我们并不完全同意。此外，也许还要提到奥托·胡斯以及 J.赫特尔的调查研究，他们致力于研究罗马和吠陀的材料，特别关注一个母题，就是在冬至重新燃火，此种更新就相当于一次新的创造。[33] 就本书的目的而言，我们只要记得一些突出的事实即可：

1.闰日的十二天乃是尔后十二个月（亦可参见前文所引用的仪式例子）的预演；2.在那十二个夜晚，死者列队拜访家人（马，葬礼上最引人注目的动物），在一年的最后一夜幽灵般显现；冥界——丧葬之神霍尔达、佩尔查、"众野鬼"都在这十二夜显现；（在日耳曼人与日本人中间）这种死者来访通常在男性秘密会社的庆典架构出现[34]；3.在此期间，火要熄灭再重新点燃[35]；最后 4.这也是举行入会礼的时候，其中一个最基本的元素就是熄火、点火。[36] 在这个**新年**的神话——庆典的复杂组合里，我们还必须加上以下诸事实：5.两个对立团体间的仪式性的打斗，以及 6.性爱元素（追逐姑娘，"乾达婆式"的婚礼、狂欢等）。

这些神话——仪式的母题都显示出每年元旦前后那几天完全与众不同的特征，但是，除了预演来年每月的景况以及熄火和点火的仪式之外，**新年**的末世论、宇宙论功能并不明显。尽管如此，这种功能在所有其余神话——仪式的母题中，还是隐约可见。例如，死者灵魂侵入阳间，除了它标志着世俗时间的悬停、"过去"和"现在"共存的矛盾之外，还会是别的什么呢？此种共存只有在所有模态都已消解的"混沌"阶段，才算真正完成。通过标志着混沌阶段的死者侵入人间——它消弭了时间法则——以及性放纵，过去一年的最后几天，就可以等同于**创造世界**前的混沌。即使经过以后的历法改革，农神节最终不再和年终岁末相关,它们仍然继续体现出对一切规范的清除,而且以此种激烈的方式展示价值的颠覆(如主仆关系改变、女人被当成娼妇)以及普遍的放纵、全社会的狂欢形态,总之,颠覆一切形式,融入一种含糊不清的统一体。原始民族适合举行狂欢的时间,正是在重要的收获时节(种子埋入土中),证明"形式"(此处便是种子)在土壤之中分解,与"社会形式"在狂欢的混沌中解体,两者恰好是一致的。[37]在植物的层面,和在人的层面一样,我们都看到呈现出向太初的统一性的回归,向"黑夜"统治的回归,其中限制、轮廓、距离都难以分辨。

仪式性的熄火也具有同样的倾向,就是要终结现有的"形式"(以及消灭现有的存在),以便为通过一种新的世界创造而产生的全新的形式腾出空间。两组表演者的仪式性打斗则是再现宇宙诞生的那一刻,神与太初之恶龙间的战斗(几乎所有地方,蛇都象征潜在的、无形无相的、无分别的状态)。最后,入会礼——点燃"新火"在其中占有重要地位——和**新年**节期之间的对应性,可以通过死者的再世(秘密的、需要通过入会礼方能加入的会社同时代表着祖先),以及这些庆典的结构得到解释,这一结构总是有着"死亡"与"复活"、"新生"、"新人"等元素。再也没有比那往年已逝,以迎新年、新时代的十二夜更加适合于入会礼架构的了:换言之,通过再现创造世界,这世界实际上重新开始了。

这些新年的神话—仪式的场景——以及一连串的集体狂欢的面具、葬仪动物、秘密会社等,在几乎所有印欧民族中都有文献的记载,它们无疑早在印欧共同体时期即已形成完整的组织形态。但这些场景,至少我们在本书着重特别强调的这些方面，却并非为印欧民族所独有。早在印欧民族出现于小亚细亚以前数世纪，苏美尔—阿卡德人就已将**新年**视为世界的再**创造**，在埃及人和希伯来人中也发现其中的一些重要元素。既然神话—仪式形式如何产生不是我们此处所要关注的，为方便起见，我们只需假定这两个族群（近东、印欧诸民族）早在史前时代就已分别拥有了这些形式。顺便一提，这个假定可能性极大，因为我们从一个极其特殊的文化，亦即日本文化里面也发现了相似的体系。斯拉维克博士曾研究日本和日耳曼的秘密组织的对称性，并且指出了两者之间的一些极为明显的共同性。[38]在日本，就像在日耳曼（以及其他的印欧民族）人中一样，葬仪动物（如马等）与冥界丧葬的神与女神会在除夕之夜现身；也正是在这个夜晚，秘密会社戴假面游行、死者访问生者、举行入会礼等。日本的这种秘密会社极其古老[39]，至少就目前所知，可以完全排除来自东方闪米特民族和印欧民族的影响。斯拉维克谨慎地提出，在欧亚大陆的西方和东方，完全可以说，（死者灵魂、诸神等）"到访"的崇拜仪式的复杂结构，早在史前时期就已经形成了。这再一次证明**新年**庆典的古老特征。

与此同时，日本的传统仍保留着和年终庆典有关的一个概念的记忆，我们也许可将这个概念归于神话的心理—生理学的范畴。斯拉维克利用日本民族志学者冈正雄博士的发现[40]，将秘密会社的庆典置于他所称的"魂"（*tama*）的复杂结构中。"魂"是一种"灵体"，存在于人体、死者的灵魂，以及"圣人"里面，冬去春来之际，它就被激活，要脱离身体，它驱使死者前往生者的住所（亦即"到访"的仪式复合结构）。根据斯拉维克的解释[41]，为了防止魂抛弃肉体，便有了各种持有或保住灵体的节日。这些岁末年初庆典的目的之一，很可能就是要将魂"固定起来"。然而，关于日本的这种神话的心理—生理学，我们要特别强调年复一年的危机感：冬去春来之际（也就是一年的最后几天与新年的最初几天），魂容易被激活，偏离其正常的状态，以一种基本的生理形态退入无分别状态、再现"混沌"。在"魂"的年复一年的危机中，原始人的经验发现了一种预兆，此种不可避免的混乱状态将会结束一个特定的历史时代，以便让它得以更新和重生，让历史重新开始。

我们将会进一步引用加利福尼亚地区的卡鲁克、尤洛克以及胡帕部落所举行的周期性庆典，这些庆典被称为"新年"、"世界的恢复"或"修复"。据说这些仪式是在人类以前就居住在人间的神话者、不朽者所确立的。这些不朽者最早举行"世界之更新"的庆典，而且其地点也是在今日凡人举行庆典的地点。科洛贝尔写道，"有着神秘巫术和公开宣扬目的的核心庆典构成了这个体系，它包括在未来一年或两年里，令大地得以重建和巩固，奉献初熟的果实、新火以及祛病防灾"。在这里我们遇到的，正是每年对不朽者在彼时首倡的宇宙诞生庆典的重复；在所有象征行为中，最重要的是部落成员所称的"在世界下面安插柱子"，这个庆典在最后一个无月之夜与新月出现之际举行，有着世界的再创造的含义。**新年**仪式也包含解除对新收获的禁止，这也证明了，我们所遇到的正是**生命**的全新开始。[42]

与此种"世界之恢复"相关，我们还可以想到一种以所谓的"鬼舞宗教"为基础的意识形态，也会使人有所启发；此一神

秘运动直到 19 世纪末还流传在北美众多部落,它预言世界的
更新的迫近,亦即世界末日的来临,随后便是人间天堂的恢
复。这种"鬼舞宗教"有着极为复杂的机构,寥寥数行难以概
括,但是就我们的目的而言,我们只消说,它通过四五天连续
不停地舞蹈,与死者进行大量的集体的交流,加速"世界末日"
的到来。死者入侵人间,与生人交流,因而制造一种"乱象",
宣告当前宇宙循环之终结。但是,时间之"开始"和"终结"的
神话观有着共同的结构——至少在某些方面,末世论和宇宙
诞生论合二为一——因此,"鬼舞宗教"的末世论(eschaton)再
现了彼时的**天堂**,太初的丰盈。[43]

时间的连续更新

前面数页所考察的性质各异的材料,多少会引起读者的
一些不安。我们无意从此种仓促解读中得出任何民族志的结
论。我们唯一的目的,就是对这些周期性的净化仪式(祛除恶
魔、疾病与罪恶)与岁末年初的仪式进行概括性的现象学分
析。我们首先要承认,每组相似的信仰之间总有变化、差异与
不相容之处,而且这些庆典的起源与传播还是产生了许多问
题,需要我们作进一步的研究。正是因为这点,我们一直避免
作社会学或民族志的解释,而只是就所有这些庆典中产生的
普遍意义作一些简单的解读。总之,我们只是想要理解它们
的意义,努力观察一下,它们究竟向我们展示出来哪些东
西——还是让后人去详细研究每一个不同的神话—仪式复合
体(的起源和历史)吧。

　　我们所探讨的既有"历史的"、也有"非历史的"民族或阶层,也就是一般所说"文明人"与"原始人",但是,不能仅凭这个原因,我们就说——几乎可以有理由地写道——在各组周期性仪式之间必然存在巨大差异。我们还颇感兴趣地注意到,在有历史的民族,或者确切地说,历史已经开始的民族——如巴比伦人、埃及人、希伯来人、伊朗人——那里,创造世界得以重复的**新年**场景尤为突出。这些民族似乎意识到自己是最早创建"历史"的人,他们要记录下自己的所作所为,以供后人之用(虽然,如同我们在前一章所见,在范畴和原型上不可避免会有变异)。这些民族似乎同样深深地感到,需要毁灭过去的时间,再现宇宙的诞生,使自己周期性地得到更新。

　　至于那些"原始"社会,人们仍然生活在原型的天堂里,在他们看来,时间只是在生物学意义上被记载下来,没有被变成"历史"——也就是说,不让它通过揭示事件的不可逆而侵蚀意识——他们周期性地利用驱逐"邪恶"与忏悔罪恶而使自己得以更新。这些社会也感到需要周期性地更新,这也证明原始人不能永远处在我们刚才所说的"原型天堂",他们的记忆(虽然远不及现代人强烈)也能够揭示事件的不可逆性,换言之,他们也能够记载"历史"。因此,在这些原始民族看来,人在宇宙里的存在也是一种堕落。佩塔佐尼在其权威著作《悔罪》(*La confessione dei peccati*)中,对庞大而单调的悔罪结构作了研究,表明即使在最简单的人类社会里,"历史的"记忆——亦即那些不是起源于原型事件的记忆,对个人的事件(绝大多数都是"罪")的记忆——是无法忍受的。我们知道,忏悔起源于一种法术观念,即以肉体的手段(血、语言等等)消除过失。

但是我们感兴趣的,并非忏悔过程本身——它在结构上是法术的——而是原始人也有需要,要将自己从"罪"的记忆,也就是从构成"历史"的一连串"个人"事件中解放出来。

于是我们看到,通过重复宇宙诞生的行动实现集体的更新,对于那些创造历史的民族而言是多么至关重要。在这里,我们也许可以指出,由于印度精神有着形而上学的、非历史的结构,当然再加上其他种种原因,印度人从来没有发展出古代近东普遍存在的宇宙论的**新年**场景。我们还可以指出,历史意识异常丰富的罗马人一直无法摆脱"罗马末日"的梦魇,因此寻求无数更新(renovatio)的体系。但是,此刻我们不想让读者沿着这条思路继续走下去。我们只想指出,除了这些消弭"历史"的周期性庆典外,传统社会(也就是直到构成"现代社会"之前的所有社会)还知道并运用其他各种方法,促成时间的更新。

我们已经在其他地方证明[44],建筑仪式多少也是有着模仿宇宙诞生行为之前提的。对传统的人来说,模仿原型范本就是再现原型首次显现的神话时刻。所以,尽管这些庆典既非周期性的,也非集体性的,但它也可以悬停世俗时间之流,将庆祝者投射到一个神话时间,亦即彼时。我们已经看到,所有的仪式都模仿一个神圣的原型,而且它们持续不断地再现发生在同样的非时间的、神话的时刻。然而,建筑仪式还向我们展现了除此而外的其他东西:模仿、因而也是再现宇宙的诞生。每建造一栋房屋,就开启了一个"新纪元"。每一次建造都是一个绝对的开端;也就是恢复那原初的时刻,一种没有丝毫历史痕迹的丰盈的当下。当然,如今我们所见的建筑仪式大多已是遗存之物，很难断定在那些行礼如仪之人的意识中究竟有多少体验。然而，此种理性主义者的反对意见是无足轻重的。重要的是，人在进行建筑活动时，无论建筑的性质怎样，总是觉得需要在其建筑活动中再现宇宙之诞生；这种再现使他与世界开始时的神话时刻同在，而且他觉得有必要尽可能多地重返那一时刻，以自我更新。任何人都需要具备最超常的敏锐观察力，才能发现在现代世界，那些仍然继续反复举行建筑仪式的人到底在多大程度上还在继续分享其中的意义和奥秘。毫无疑问，他们的经验是世俗的：建造新房所包含的"新纪元"，被转化成为那些住在此屋中之人的一个人生"新阶段"。但是，虽然此种再现所引发的经验完全是世俗的，但是神话和仪式的结构并未因此而改变：一次建筑活动就是世界和生命重新进行组织。所需要的只是一个现代人对生命的奇迹稍存一定的敏感；他建了一栋房子或首次进入新居时，一种万象更始的经验将会在他心里复活（就像在现代世界，**新年**仍然保有过去终结和"新生命"开始的崇高威望）。

在许多情况下，现有的文献已足够清楚地表明：修筑一间圣所或祭坛均重复了宇宙的诞生，这不仅因为神庙代表世界，而且它还是各种时间循环的化身。例如，弗拉维·约瑟福斯[45]是这样向我们讲述和耶路撒冷圣殿相关的传统象征的：该圣殿的三个部分对应于宇宙的三个地区（外院代表"大海"——也就是下界；圣所代表**地**；至圣所代表**天**）；桌上的十二个面团代表十二个月；七十分枝的大烛台代表黄道十度分度。圣殿的建造者不只建造了世界，他们还建造了宇宙的时间。

在婆罗门教献祭的象征里，通过重复宇宙的诞生而建造宇宙的时间表现得更为明显。婆罗门教的每一次献祭都标志着一次新的世界的**创造**(例如,参见《百道梵书》VI,5,1 以下)。实际上,祭坛的建造即被视为"创造世界";用以调合黏土的水即为太初之水;筑成坛基的黏土就是大地;侧壁则代表大气。此外,筑坛各一个阶段都有相应颂诗,明确地提到刚刚创造出来的各宇宙区域(《百道梵书》I,9,2,29;VI,5,1ff.;7,2,12;7,3,1;7,3,9)。如果说筑坛是模仿宇宙诞生,献祭本身则另有目的:要恢复**创造世界**以前的太初的统一状态。生主从自身的实体中创造宇宙;创造出来之后,"他害怕死亡"(X,4,2,2),诸神就献给他祭品,使他恢复和复原。同样地,那些今日献祭之人也是再现这次生主在太初的复原。"因此,任何人既然知道此事,就要践行这一圣事或者任何人即便没有行任何仪式,只要知道此事,都是在促使生主臻于完整。"(X,4,3,24 等)[46]献祭者努力重建太初的统一,也就是回归到**创造世界**之前那种完整性,这正是印度精神渴求太初统一的一个重要特征,只是我们不能再进一步考察这个问题。我们已经发现,每一次的献祭,婆罗门都再现了原型的宇宙诞生的行为;"神话的时刻"与"现时的时刻"的对应,消弭了世俗的时间,令世界不断得以更新,这就足够了。

实际上,如果"生主就是**年**"(《爱多列雅梵书》VII,7,2 等),"**年**就是**死**;凡是知道这**年**(就是)**死**的,生命就不会(被年)毁坏……"(《百道梵书》X,4,3,1)。[47]用保罗·穆斯恰到好处的用语说,吠陀祭坛就是时间的具体化。"火坛也是**年**:——夜晚是围住祭坛的石块,此坛有 360 块石块,因为一年有 360 夜;白天就是砌祭坛的砖,砖有 360 块,一年就有 360

天"(X，5，4，10)。[48]到了筑坛的某一时刻，还要垒两块称为
"四季"的砖，经文念道："在此(层)他为何要垒这两块砖：——
此阿耆尼(火坛)是年……而且……火坛就是生主，而生主就
是**年**"(VIII，2，1，17—18)。[49]通过建造吠陀祭坛而再造生
主，就是再造宇宙**时间**。"五层为一火坛"(每层为一季)，五季
为一年，年就是阿耆尼(坛)……变得懈怠的生主就是**年**；他变
得懈怠的五体就是季节；因为年有五季，坛有五层：他筑了五
层，也就是用五季筑成了他……他懈怠的五体、季节就是区域
(或四方，亦即罗盘的四方和上界)；因为区域有五个，坛有五
层：他筑了五层，也就是用这五个区域建造了他(《百道梵书》
VI，8，1，15；1，2，18 以下)。[50]因此，每筑一座新的吠陀祭
坛，不仅重复宇宙之诞生、促成生主之恢复，而且建造了年，亦
即时间重新"创造"而得以再生。

英国人类学家霍卡特在其出色而又充满争议的《王权》一
书里，曾研究许多开化民族和"原始民族"的国王登基庆典，并
将它们与入会礼仪式进行比较(他认为入会礼的仪式起源于
此种王族仪式)。入会礼就是一种包含仪式性的死亡和复活
的"新生"，这一点早已为人所知。我们要感谢霍卡特的是，他
从登基仪式中考证出了入会仪式的元素，由此指出各组仪式
之间可能存在某些共性。更为有趣的是，我们还注意到，居住
在维泰·勒夫山区的斐济人将首领的确立称作"世界的创
造"，而在东部的瓦努阿·勒夫的部落则称之为 *mbuli vanua*
或 *tuli vanua*，霍卡特翻译为"塑造大地"或"创造大地"。[51]正如
前一章所述，在斯堪的那维亚人看来，占有一块土地相当于重
复世界的**创造**。在斐济原住民看来，世界的"创造"发生在每

一次新首领上任之际,这个观念在其他地方也有所保留,只是明显的程度有所不同。几乎在任何地方,每次国王当政都被视为人类历史甚至宇宙历史的更新。新王登基,不管他多么微不足道,都是一个"新纪元"的开始。此种用语常常被视为阿谀奉承,或文字上的矫揉造作。事实上,它们在我们看来如此不同寻常,是因为流传至今,竟还带着某种庄严气氛。但是在原始人的概念里,不仅新王登基,而且每次结婚圆房、婴儿诞生等等,都是一个"新纪元"的开始。宇宙和人类连续不断地以各种方法更新,毁灭过去,消除罪恶等等。虽然形式各异,但所有更新的手段都趋向同一个目的:通过持续不断地返回彼时、重复宇宙诞生的行为,消弭过去的时间、消弭历史。

还是回过头来考察斐济人的情形,这些岛民不仅在每次新王登基之际,而且在每次歉收之际,都要重复世界的**创造**。这个细节,霍卡特并没有特别强调,因为它无法证明他宇宙诞生神话"仪式起源"的假说,但在我们看来,这个细节相当重要。每当生命受到威胁,宇宙在他们看来趋于枯竭、空虚之际,斐济人就觉得需要返回到起初(*in principium*);换言之,他们期待不是通过修复,而是通过重新创造而实现宇宙生命的更新。因此,在仪式和神话里,凡是能够表示"起初"、起源、太初的事物都至为重要(民间巫术和医术的新器物,"日出前所引之水",以及儿童、孤儿的母题,等等)。[52]

生命不能修复,只能通过重复宇宙诞生而重新创造,这个观念在治疗仪式里表现得异常清晰。事实上,在许多原始民族里,吟诵宇宙诞生的神话是各种治病方式中的一个基本元素。例如印度最古老的部落,比尔人、桑塔尔人、拜加人。[53]通过实现宇宙的**创造**,亦即一切"**生命**"的典范性的范本,他们希望以此使病人恢复身体健康和精神健全。这些部落凡是遇到生子、婚礼和送终等场合,也要吟诵宇宙诞生的神话;希望通过象征性地返回到太初的丰盈"处境"的非时间时刻,确保这些场合臻于圆满。

波利尼西亚人吟诵宇宙诞生神话以产生奇效的"处境"甚至更多。这个神话是说,起初唯有太初之水,浸没在宇宙的幽暗之中。从"横无际涯的休眠空间里",至上神艾奥表达了他的一个愿望,要从休憩中起来。光明就立刻出现了。于是他继续说:"你们,泰卡马的诸水,要分开。天,也要成形!"通过艾奥要宇宙诞生的话语,世界就存在了。哈尔·杭吉,这位现代波利尼西亚人,一边回想着这些"古代的、原创的故事……古代和最初的宇宙学智慧(wananga),造成世界从虚无中成长起来,等等",一边笨拙而又颇具说服力地补充道:

> 我的朋友啊,在我们的神圣仪式中,这些最初的故事有三种极为重要的用途。第一种发生在将孩子种入不育的子宫中的仪式。第二种发生在启蒙心灵和肉体的仪式。第三种也是最后一种发生在死亡、战争、洗礼、诵读家谱等严肃问题,以及类似的重要问题的仪式,这些乃是祭司最为关注的事情。

> 艾奥用来创造**宇宙**的话语——也就是宇宙借以播种并且创造一个光明世界的话语——同样也用于将孩子种入不育的子宫里面的仪式。艾奥用来产生光明照耀黑暗的话语用于使愁苦的心灵、缺乏活力的老人、老朽者变得振奋起来的仪式;用于照亮秘密的地方和事务,赋予创作

歌曲以及其他许多事情以灵感、影响那些因战争失利而感到绝望的人。所有这些仪式包含那些（艾奥用于）战胜和驱散黑暗的话语。第三，还有预备性的仪式，它们是用来保证宇宙持续地形成以及人类自身的家谱史的。[54]

如此看来，宇宙诞生的神话充当了波利尼西亚人一切"创造"——不管是在生物的、心理的，还是精神层次上的原型范本。聆听世界诞生的吟诵，就是与那无与伦比的创造行为，即宇宙之诞生同在。同样值得注意的是，在纳瓦霍人这里，在治病的重要场合，也要讲述宇宙诞生的神话。"所有的仪式都围绕着一个患者进行，Hatrali（围着他吟唱），他也许是真病，也许只是心病，即被梦惊吓到了，也许他就是需要一场仪式，以便在吟唱过程中引导其充分发挥自身的能力——因为如果'巫医'没有亲身接受过这种治疗仪式，就不可主持此种仪式"。[55]这仪式还包含在砂上划出复杂的图案（砂画），象征**创造世界**的各个阶段，以及诸神、祖先、人类的神话历史。这些图案（颇类似于印度和中国西藏的曼荼罗）逐一再现了彼时所发生的事件。患者聆听宇宙诞生的神话的吟诵（接着朗诵起源神话）、默想砂画，就从俗世时间解脱，投入丰富充盈的太初**时间**：他"返回"到**世界**的源头，见证宇宙的诞生。通常，在吟诵神话与砂画开始那天，患者还要沐浴；实际上，他也要真正重新开始他的生命。

和波利尼西亚人一样，纳瓦霍人吟诵宇宙诞生神话，还要吟诵起源神话。起源神话中包含万物"开始"——人、动物、植物的创造，部落传统风俗与文化的起源等的神话历史。通过这种方式，患者就经历世界、**创造**，直到这些故事首次开讲的那一刻的整个神话历史。对于我们了解"原始人"和传统社会的医学而言，这一点至关重要。在古代东方，如同在每一个"民间"医药传统中——不论在欧洲还是其他地方——一种治疗手段要产生效果，就要知道它的起源，它的运用也要和发现它的那个神秘时刻同时。正因如此，许多符咒都要陈述疾病的"历史"，以及引起疾病的恶魔的历史，与此同时，在神灵或圣人征服此病时，要召唤那个时刻的到来。例如，有一份亚述人治疗牙痛的符咒，提到"安努创造诸天，诸天造地，地造河流，河流造沟渠，沟渠造池塘，池塘造虫子"。虫子向夏马西与伊亚"哭诉"，恳求给它吃的或"摧毁"的东西。诸神供给它水果，但虫子要求人的牙齿。"既然你这么说，虫子啊！愿伊亚用他强有力的手击打你！"[56] 在这里呈现给我们的，不只是简单重复范式性的治疗性的活动（伊亚摧毁虫子），以确保治疗的有效性，而且还有疾病的神话历史，医者吟诵这段历史，将患者投入彼时。

我们还可以增加许多例子，但是本书的目的不是深入探讨这个主题；我们只是希望将这些例子置于一个共同的视角之下：古代社会需要通过消弭时间，实现自我更新。不管是集体的还是个人的、周期性的还是自发的，更新的仪式的架构与意义总是包含着一种通过重现原型行为，通常就是宇宙诞生的行为而得以更新的元素。在我们看来，这些远古体系的最为重要之处，在于消弭具体的时间，因而也是其反历史的意向。拒绝保留对过去甚至此刻当下的过去的记忆，在我们看来表现出了一种特殊的人类学。我们指的是，古人拒绝认为自己是一种历史的存在,拒绝赋予记忆、因而也是不同寻常的、事实上构成了具体之时间赓续的事件(亦即没有原型范本的事件)以任何价值。总之,在所有这些仪式与态度中,我们发现一种要褫夺时间之价值的倾向。极而言之,我们现在提到的所有仪式或行为范型都可以概括如下:如果我们不去关注时间,它就不存在;此外,但凡感知到了时间(由于人犯了"罪",亦即背离原型、堕入了时间的赓续)——也还是能够消弭的。由这样一个视角来看,基本上,古人的生活(乃是一种可以还原为重复原型行为的生活,亦即还原为范畴而不是事件,还原为永无止息地复述同一个太初神话的生活),虽然发生在时间之内,但是并不承担时间的重负,并不记载时间的不可逆性;换言之,全然无视时间意识里最特殊、最重要的内容。就像神秘主义者和一般的宗教人一样,原始人生活在一种连续的此刻当下。(正是在这个意义上,宗教人也可以说是一个"原始人";他仿效另外一个人的举止,通过此种重复,总是生活在一种非时间性的此刻当下之中。)

对一个原始人而言,时间的更新是持续不断发生的——也是在"年"的这个范围之内——某些古老的、流传极广的月亮信仰可以证明这一点。月亮是所有造物中最早死亡,但也是最早更新的。我们在别的地方已证明[57],在人类早先几种关于死亡与复活、丰产与更新、入会礼等自成一体的"理论"框架里,月亮神话是相当重要的组成部分。在这里我们只要记得,如果月亮实际上可用以"量度"时间[58],如果月亮的月相,更早也更具体地揭示了时间的单位(月份),那么月亮同时也揭示了"永恒回归"。

月亮的月相——现、盈、亏、晦，而后经过三个黑夜重现——在循环观念的理论阐述里具有极其重要的作用。在远古时代的启示文学或人类起源说中可以发现类似的观念；大洪水毁灭了毫无活力、罪孽深重的人类，一种新的更新的人类诞生了，通常他们是在大灾难中幸免于难的神话"祖先"或某种月亮动物的后代。对这些神话作层位学的分析可以揭示出它们具有月亮的性格。[59]这意味着月亮的节律不只启示短期的时段（周、月），也可充当长时间赓续的原型；事实上，人类的"诞生"、成长、衰竭（"磨损"）和消逝，都可以融入月亮的循环。此种融入十分重要，不仅因为它向我们显示宇宙变化的"月亮"结构，而且还因为它传达了乐观主义的结果：因为，正如月亮不会永远消失，因为新月必然继续出现，所以人类也不会永远消失；尤其是，全人类（因洪水、陆沉等）的消失不会是彻底的，因为总会有一对幸存者诞生出一种新人类。

人类消失又再现的循环观念，在有历史记载的文化里面也有所保留。公元前 3 世纪，贝罗苏斯将迦勒底人的"大年"观念传播到整个希腊世界（后来又传给了罗马人和拜占庭人），使之变得甚为流行。根据这个观念，宇宙是永恒的，但要周期性地在每个"大年"里毁灭和重建（不同学派对这个至福之年的计数各有不同说法）；当七颗行星汇聚在巨蟹座（"大冬"）就会有洪水；当它们汇聚在摩羯座（即"大年"的夏至），整个宇宙就会被大火烧毁。赫拉克利特可能也有此种周期性的寰宇大火说（如《残篇》26B = 66D）。无论如何，此说主导着芝诺的思想以及整个斯多葛派的宇宙论。寰宇大火（*ekpyrosis*）的神话在公元前 1 世纪至公元 3 世纪无疑流行于整个罗马—东方世界；尔后又见于融合了希腊—伊朗—犹太文化主义的诺斯替体系。各种相似的观念（无疑至少在天文学架构里，都受到过巴比伦的影响）也见于印度和伊朗，同样还存在于尤卡坦半岛的玛雅人和墨西哥的阿兹特克人中间。我们还会再讨论这些问题；只是目前我们想要强调，前文提到的这些观念具有一种"乐观主义的特点"。事实上，此种乐观主义可以归结为人们意识到周期性的大灾难是一种常态，归结于人们确信大灾难有其意义，而且必定不会是最终的结局。

从"月亮的视角"来看，个体的死亡和人类的周期性死亡乃是必然的，就像月亮"再生"之前必有三个黑夜。为了更新，个体的死亡和人类的死亡同样是必须的。不管什么样的形式，只要它存在而且延续，就必然会丧失活力，变得衰落；为了恢复元气，它必须重新哪怕是片刻融入那种无形无相的状态；必须重新融入它所从出的太初统一性中；换句话说，它必须（在宇宙层面上）回归到"混沌"，（在社会层面上）回归到"狂欢"，（对种子而言）回归到"黑暗"，回归到"水"（在人的层面上是领洗，在历史层面则是大西岛等等）。

我们也许注意到，在各种宇宙—神话的月亮概念中占据主导的，乃是从前之循环再现，亦即永恒的回归。在这里，我们再一次发现，重复原型行为这个母题，投射到了各个层面——宇宙的、生物的、历史的、人类的。但我们也发现，在任何层面上的每一次新"诞生"，时间的循环结构都会更新。这种永恒的回归揭示出一种不为时间与变化所影响的本体论。正如希腊人在他们永恒回归的神话里，寻求满足他们对"自在"以及静止的渴求(从无限的观点看,事物的变化永远朝向同样的状态,无疑就是消亡,甚至可以由此断定"世界静止不动")。[60]原始人也是如此,他们赋予时间一种循环的方向,消弭了它的不可逆。一切事物无时无刻都是从起点、从头开始的。过去只是未来的先兆。没有一个事件是不可逆转的,没有一种变化是最终的。在某种意义上,甚至可以说人间之事没有一件是新鲜的,因为任何事物都只是重复同样的太初原型;这种重复实现了原型行为得以显现的那个神话时刻,因此,它不断地将世界维持在万物开始的那个曙光初现的时刻里。时间只是使事物的出现与存在成为可能,对存在则没有最终的影响,因为它自己也在不断地重生。

黑格尔同意,自然中的事物都永远自我重复,"日光底下,并无新事"。前文所论,都证明远古社会的人类也有相似的观念:他们认为事物永远自我重复,阳光底下没有什么新鲜事物。但是,正如我们在前一章所见,这种重复有一种意义:它本身赋予事件以实在性;事件重复自身是因为仿效一个原型——那个典范性的事件。此外,通过此种重复,时间就悬停了,至少其毒害性也消弭了。但是黑格尔的观念之所以重要,还有另外一个原因:黑格尔努力建立一套历史哲学,在此种历史哲学里,历史事件虽然是不可逆的、自发的,但仍可以放在一种开放的辩证法里。在黑格尔看来,历史是"自由的",也总是"新的",不会自我重复;虽然如此,它却与天命相符合;所以,它在精神自我的辩证发展中,还有一种范本(即观念,但也是一种范本)。黑格尔将此种永不重复的历史,和无限重复的自然相对立。但是我们已经看到:在相当长时间里,人类曾不遗余力将自己置于历史的对立面。我们可否从这些讨论中得出一个结论：在那段时间里，人类仍然一直活在自然里面，还没有脱离自然？"只有禽兽才是真正天真的"，黑格尔在《历史哲学》一书开始就这样写道。[61] 原始人并不总是觉得自己天真，但他们周期性地忏悔自己的过失，以便回归到那种天真的状态里面。在这种涤除罪恶的倾向中，我们是否可以看到一种对于失去的动物性的天堂的乡愁呢？或者说，原始人渴望抹杀"记忆"、遗忘时间，只是将时间视为他存在的一个维度，忍受它，却不会将它"内在化"、将它转化成意识，我们是否从中看到他们对"本体"的渴望呢？从中看到他们的愿望，就是要追求他们不断重复的那些原型存在的范型而成就自己呢？

这个问题极其重要，我们当然不能指望以寥寥数行的文字加以讨论。但是我们有理由相信，原始人对失去的天堂的乡愁，绝不是想复原那个"动物性的天堂"。相反，我们所知的任何神话记忆中的"天堂"，都使我们面对一幅理想的人类的图景，他们永远享受一种至福之境和精神的富足，目前"堕落的人类"是无法实现的。事实上，许多民族的神话都提到一个极为遥远的年代，那时的人不知死亡，不知辛劳，也不知痛苦，食物充足，唾手可得。彼时，诸神下凡，人神杂处，人类也可以轻而易举地登天。由于一次仪式上的失误，天地的交通断绝了，诸神退回到最高的一层天。从此，人类就必须为了食物而劳作，而且不再长生不老了。

因此，很有可能传统社会的人普遍想要拒绝"历史"，永远地重复原型，这证明了他们渴求实在，害怕自己被俗世存在之无意义吞没而"丧失"自我。即使原始人用以表达"实在"的方案和意象在我们看来似乎幼稚甚至荒谬,但也没有关系。原始人行为方式的深层意义是颇具启发性的;此种行为方式取决于原始人相信,存在一个与"非实在"的世俗世界相对立的绝对实在;说到底,世俗世界并不构成一个真正的"世界";因为它完全是"不真实的",是未经创造的、不存在的;是虚空。

因此,我们可以说有种远古时代的本体论,只有认真反思此种本体论,才能切实理解原始人的世界中哪怕最过分的行为,而不是对它们嗤之以鼻;事实上,这些行为方式就是要竭尽全力与"存在"保持联系。

注 释

[1] Martin P.Nilsson, *Primitive Time Reckoning* (Acta Societatis Humaniorum Litterarum Lundensis, I, Lund, 1920), p.270.

[2] 参见 F.Rock, "Das Jahr von 360 Tagen und seine Gliederung", *Wiener Beiträge zur Kulturgeschichte und Linguistik*, I (1930), pp.253—288。

[3] 马穆留斯·维特留斯(Mamurius Veturius),古罗马新年节时,有人扮演马穆留斯·维特留斯,被赶出村庄,象征除旧迎新。此名和制造战神马尔斯神庙内十二块神盾的工匠马穆留斯有关。——译者识

[4] C.F.Jean, *La Religion sumérienne* (Paris, 1931), p. 168; Henri Frankfort, "Gods and Myths in Sargonid Seals", *Iraq* (London), I (1934), pp.21ff.

[5] 同样在赫梯人那里也是如此,在风暴神特苏卜(Tešup)和蛇怪伊鲁扬卡司(Illuyankaš)之间的范式性的战斗也在新年节里被吟颂和重演。参见 Albrecht Götze, *Kleinasien* (Leipzig, 1933), p.130;

Giuseppe Furlani, *La Religione degli Hittiti* (Bologna, 1936), p.89。

[6] 在其他文化中也有用太初生命的身体创造世界的母题：例如在中国、印度和日耳曼部落里等。

[7] René Labat, *Le Caractère religieux de la royauté assyro-babylonienne* (Paris, 1939), p.99; Götze, pp.130ff.; Ivan Engnell, *Studies in Divine Kingship in the Ancient Near East* (Uppsala, 1943), p.11, p.101。在耶路撒冷也有仪式性的打斗的遗迹。在君士坦丁堡的竞技场，直到拜占庭帝国的最后几个世纪还有类似的战斗；约翰尼斯·马拉拉斯 (Joannes Malalas) 在他的《编年史》里谈到此种战斗 (Bonn, 1831, pp.173—176)，图德拉的本雅明 (Benjamin of Tudela) 也提到此事；Raphael Patai, *Man and Temple* (London, 1947), pp.77ff.。

[8] 相关材料、解释和书目，载于 Heinrich Zimmern, "Zum babylonische Neujahrsfest", I—II, *Berichte über die Verhandlungen der Königlich Sächsichen, Gesellschaft der Wissenschaftet* (Leipzig): *Phil.-hist. Klasse*, LVIII(1906), LXX (1918); S.A.Pallis, *The Babylonian Akîtu Festival* (Copenhagen, 1926); H.S.Nyberg's critisms in the *Monde Oriental* (Uppsala), XXIII(1929), pp.204—211; Raffaele Pettazzoni, "Der babylonische Ritus des Akitu und das Gedicht der Weltschöpfung", *Eranos-Jahrbuch*, XIX (Zurich, 1950), pp.403—430。关于 Zakmuk 和巴比伦的农神节，参见 Sir James George Frazer, *The Scapegoat* (Part VI of *The Golden Bough*, London, 1907—1915), pp.356ff.; Labat, pp.95ff.; 一种鲁莽的观点是认为在巴比伦庆典中可以找到在地中海盆地、亚洲、北欧和中欧所有其他类似的仪式的起源，参见 Waldemar Liungman, *Traditionswanderungen*, *Euphrat-Rhein*, I—II (Helsinki, 1937—1938), pp.290ff.，以及相关文字。亦可参见 S.H.Hooke, *The*

Origins of Early Semitic Ritual(London，1938)，pp.57ff.。关于西藏同样的新年节，参见 Robert Bleichsteiner，*L'Église jaune*(French trans.，Paris，1937)，pp.231ff.。

[9] 但是亦可参见 Efraim Briem，*Les Sociétés secrètes des mystères*(E. Guerre 译自瑞典文，Paris，1941)，p.131。

[10] A.J.Wensinck，"The Semitic New Year and the Origin of Eschatology"，*Acta Orientalia*(Lund)，I(1923)，pp.158—199.

[11] 同前引书，p.168。参见 Patai 书，pp.68ff.的文献。

[12] *Rosh Hashshana*，1.2；Wensinck，p.163；Patai，pp.24ff.。Rabbi Ishmael 和 Rabbi Akiba 同意这个观点：住棚节是上天决定来年雨量的时候；参见 Patai，p.41。

[13] *Hymns on Epiphany*，VIII，16；Wensinck，p.169.

[14] 参见 A.R.Johnson，"The Role of the King in the Jerusalem Cultus"，*The Labyrinth*，ed. S.H. Hooke(London，1935)，pp.79ff.；亦可参见，Patai，pp.73ff.。

[15] 关于《塔木德》提到的狂欢性的过分行为，参见 Raffaele Pettazzoni，*La confessione dei peccati*，II(Bologna，1935)，p.229。同样的状态在希拉波立(Hierapolis)也发生过；参见 Lucian，*De dea Syra*，p.20；Patai，pp.71ff.。

[16] *Patai*，p.171.

[17] *Ephraem Syrus*，I，1.

[18] James Darmesteter，*Le Zend-Avesta*，II（Paris，1892），p.640，note 138.

[19] *Cosmography*，转引自 Arthur Christensen，*Les Types du premier homme et du premier roi dans l'histoire légendaire des Iraniens*，II(Stockholm，1917)，p.147。

[20] *Ta'anit*，fol. 2a；Wensinck，p.173.

［21］ E.S.Drower（E.S.Stevens），*The Mandaeans of Iraq and Iran*（Oxford，1937），p. 86；H. Lassy，*Muharram Mysteries*（Helsinki，1916），p.219，p.223。Sir James George Frazer，*Adonis*（French trans.），pp.252ff.；此外，参见 Liungman 近著，I，pp.103ff.，他试图将此种习俗追溯至俄赛里斯（Osiris）仪式。

［22］ Joset Marquart，"The Nawrôz, Its History and Its Significance"，*Jourrial of the Cama Oriental Institute*（Bombay），XXXI（1937），第 1—51 页，尤其是 pp.16ff.。原文系德文，发表于 *Dr. Modi Memorial Volume*：*Papers on Indo-Iranian and Other Subjects*（Bombay，1930），pp.709—765。

［23］ Muhammad ibn Ahmad al-Biruni，*The Chronology of Ancient Nations*（trans. C.Edward Sachau，London，1879），p.199.

［24］ Christensen，II，p.148.

［25］ al-Biruni，p.201；*Qazwīnī*，trans. Christensen，II，p.148.

［26］ al-Biruni，p.200.

［27］ Ibid.，pp.202—203.

［28］ al-Biruni，p.202。关于 19 世纪诺鲁孜的庆典，参见 Jakob Eduard Polak，*Persien. Das Land und seine Bewohner*，I（Leipzig，1865），pp.367ff.。犹太人也有同样的观念；早在《塔木德》时代，新年祈祷中就有如下文字："此日是一年工作开始之日，要记得这第一天"（*Rosh Hashshana*，27a；转引自 Patai，p.69）。

［29］ 参见 Drower，p.87；Giuseppe Furlani，*Religione dei Yezidi*（Bologna，1930），pp.59ff.。

［30］ 参见 Frazer，*The Scapegoat*，pp.215ff.；Georges Dumézil，*Le Problème des centaurs*（Paris，1929），pp.39ff.；Émile Nourry（P. Saintyves，pseud.），*L'Astrologie populaire*（Paris，1937），pp.61ff.。亦可参见 Marcel Granet，*La Pensée chinoise*（Paris，1934），p.107。

[31]　al-Biruni，p.208.

[32]　Franz Cumont，"La Fin du monde selon les mages occidentaux"，
Revue de l'Histoire des Religions(Paris)，Jan.—June，1931，pp.76ff.，对
这些文献所作的评论。亦可参见 Wilhelm Bousset，*Der Antichrist
in der Überlieferung des Judentums*，*des Neuen Testaments und der alten
Kirche*(Göttingen，1895)，pp.129ff.。

[33]　Otto Höfler，*Kultische Geheimbünde der Germanen*，I(Frankfort on
the Main，1934)；Liungman，II，pp.426ff.；Otto Huth，*Janus*
(Bonn，1932)；Johannes Hertel，*Das indogermanische Neujahrsopfer
in Veda*(Leipzig，1938).

[34]　Höffler，前引书；Alexander Slawik，"Kultische Geheimbünde der
Japaner und Germanen"，*Wiener Beiträge zur Kulturgeschichte und
Linguistik*(Salzburg and Leipzig)，IV(1936)，pp.675—764。古代
近东也有同样的信仰，认为死者在季节性的节日期间返回人间；
参见 T.H.Gaster，*Thespis*；*Ritual*，*Myth and Drama in the Ancient
Near East*(New York，1950)，pp.28ff.。

[35]　Emile Novrry（P. Saintyves，pseud.），*Essais de folklore biblique*
(Paris，1923)，pp.30ff.，Hertel，p.52；Dumézil，*Le Problème des
Centaures*，p.146；Huth，p.146；Marcel Granet，*Danses et légendes
de la Chine ancienne*，I—II(Paris，1926)，p.155；Luigi Vannicelli，
La religione dei Lolo(Milan，1944)，p.80；Liungman，pp.473ff.

[36]　参见 Dumézil，pp.148ff.，以及其他各处。霍皮人的入会礼总是
在元旦举行；参见 Lewis Spence 在 Hasting 主编的 *Encyclopaedia of
Religion and Ethics*，III，p.67。

[37]　当然，狂欢在农业社会的角色极为复杂。性放纵对于即将到来的
收获而言具有巫术的影响力。但我们也有可能在其中找到一种
倾向，亦即它将各种形式剧烈地混合在一起，换言之，也就是再现

创造世界以前的混沌。关于农业秘仪，参见拙著 *Traité d'histoire des rligions*，pp.285ff.。

[38] Slawik 前引书。

[39] Ibid., p.762.

[40] "Kulturschichten in Altjapan"，冈正雄博士日文手稿的德译本（未刊稿）。

[41] Slawik，p.679.

[42] P.E.Goddard，*Life and Culture of the Huipa*（University of California Publications in American Archaeology and Ethnology，Berkeley，1903，I，No.1），pp.82ff.；A.L.Kroeber，*Handbook of the Indians of California*（Washington，1925）pp.53ff.；A.L.Kroeber and E.W. Gifford，*World Renewal*，*a Cult System of Native Northwest California*（*Anthropololgical Records*，XIII，No.1，University of California，1949），pp.1ff.，105ff.。在美洲其他地方每年都要纪念大洪水，亦即再现那场摧毁所有人类，仅有神话先祖幸存的大灾难。参见 Sir James George Frazer，*Folklore in the Old Testament*，I（London，1918），pp.293ff.。关于古代文化里世界毁灭和周期性再造的神话，参见 F.R. Lehmann，"Weltuntergang und Welterneuerung im Glauben schriftloser Völker"，*Zeitschrift für Ethnologie*（Berlin），LXXI（1939）。

[43] 参见拙著 Le Chamanisme，pp.290ff.。

[44] *Comentarii la legenda Meşterului Manole*（Bucharest，1943）；也可参见前章。

[45] *Antiquities of the Jews*，III，7，7.

[46] Julius Eggeling 译，*The Sacred Books of the East*，XLIII（Oxford，1897），p.361。

[47] Julius Eggeling 译，*The Sacred Books of the East*，XLIII（Oxford，

1897），p.356。

[48]　Ibid., p.386.

[49]　Ibid., pp.29—30.

[50]　*The Sacred Books of the East*, XLI(Oxford，1894)，p.293，p.152. Paul Mus, *Barabudur*, I(Hanoi, 1935)，pp.384ff.；关于"被创造的时间"，II，pp.733—789。

[51]　A.M.Hocart, *Kingship*(London, 1927)，pp.189—190.

[52]　参见拙著 *Comentarii la legenda Meşterului Manlole*，特别是 pp.56ff.。

[53]　Wilhelm Koppers, *Die Bhil in Zentralindien*(Horn, 1948)，pp.241ff.

[54]　E.S.C.Handy, *Polynesian*, *Religion*(Honolulu, 1927)，pp.10—11.

[55]　Hasteen Klah, *Navajo Creation Myth*；*The Story of the Emergence* (Mary C.Wheelwright, rec., Navajo Religion Series, I, Museum of Navajo Ceremonial Art, Santa Fe., 1942)，p.19。此外，可参照 pp.25ff., 32ff.。

[56]　Campbell Thompson, *Assyrian Medical Texts*(London, 1923)，p.59.

[57]　*Traité d'histoire des religions*, pp.142ff.

[58]　在印欧语系里，绝大多数指涉月份(month)和月亮(moon)的语汇都是从词根 *me-*，在拉丁文里，除了 *mensis*(月经)外，还有 *metior*，"度量"。

[59]　参见 *Traité d'histoire des religions*，论"月亮"一章。

[60]　Henri-Charles Puech 在"Gnosis and Time"一文的精彩阐述，此文收入 *Man and Time*(London and New York, 1957)，尤其参见 pp. 40—41："希腊人被一种关于可理解性的观念主宰，他们力主真实的、完美的存在就是自身存在的、与自身等同，就是永恒的、不变的，因此他们主张运动与变化属于较低层次的实在，除非通过持久性和永恒性，因而也是以重复出现的方式，否则绝对是无法理解的。循环往复的运动，由于重复事物、不断将它们带回现实而

确保它们的同一性,因而乃是绝对静止不动的最直接、最完美(因
而也是最接近神灵)、臻于顶峰的表现形式。根据柏拉图的著名
定义,时间——通过天体的运转来决定并度量——乃是不动的
永恒性的运动图像——这个图像以循环的运动来模仿那不动的
永恒。因此,全部宇宙的变化,以及我们所居住的这个诞生并毁
坏的世界的赓续将会循环运动。或者,同样的这个实在依照一个
永恒的规律和永恒的变化,被造、毁坏和再造,发生无限的循环发
展。不仅同样数量的存在在其中得以保存,不增不减,而且如古
典时代晚期的思想家——毕达哥拉斯派、斯多葛派、柏拉图
派——一致认为的看法,在每一个赓续、每一个 *aiones*、每一个
aeva 的循环中,前几个循环里已经产生的情况还会重新产生,同
样的情况还会在以后的循环里产生,如此以往,以至无穷。没有
一件事是独一无二,只发生一次的(例如,苏格拉底的定罪与死
亡),而是发生过、正发生并且仍将发生,永远如此;同样的人出现
过,目前又出现了,而且在每次循环还会再次出现。宇宙的赓续
就是重复和循环(*anakuklosis*),就是永恒的回归。"

[61] 黑格尔:《历史哲学》(王造时译),第 73 页,三联书店出版社,1956
年。——译者识

第三章 "不幸"与"历史"

苦难是一种"常态"

我们在本章希望从一个新的视角探讨人的生命以及"历史的存在"。正如我们所证明的那样，古人总是想方设法、不遗余力地反对历史，将其视为一连串不可逆的、不可预测的、仅具有自发价值的事件。他拒绝接受历史，拒绝赋予历史之为历史的价值——尽管如此，又总是不能将其驱除；例如，他无力抵抗每一种社会结构必然发生的自然灾害、兵荒马乱、社会不公，以及个人的不幸等等。因此，我们有兴趣了解古人如何忍受"历史"，亦即如何忍受降临到每一个人与每一个集体中的灾难、不幸和"苦难"。

对于从属于传统文化中的人而言，"生活"意味着什么？首先，它意味着要与超人间的范本相符合、与原型相一致。因此，生活就意味着要生活在"真实"的中心——正如我在第一章所特别强调的那样——除了原型之外，再也没有什么是真正真实的。与原型相一致的生活，相当于尊重"律法"，因为律法便是太初的神显，是彼时启示的生存规范，是由神或神话中的存在所揭示的。正如我们所见,如果远古之人通过重复范式性的行为、借助周期性的消弭时间,那么他就可以和宇宙的节律和谐相处;甚至我们可以说,他融入了这些节律之中(我们只需要记得,日、夜和四季、月亮的盈亏、夏至和冬至等对他有多么"真实")。

在这样的生存架构之下,"苦难"和"痛苦"究竟所指为何?当然不是一种无意义的经历,因为无可避免,所以只能"忍受",就像忍受例如恶劣的气候一样。不管其本质或表因如何,他所受的苦难总有意义;它和某个原型相对应,即使并不总是如此,但至少和他并不反感的秩序相对应。我们已经说过,与古老的地中海伦理体系相比,基督教的一个优越之处就在于它赋予苦难以某种价值:它将痛苦从负面的状况转化成具有"积极的"灵性内涵的经验。这个主张是成立的,因为它将价值赋予苦难,甚至在痛苦中找出有益的特性。但是,即使前基督教的人不刻意寻求苦难,不会赋予其价值(只是极少数例外),不把它当成具有净化与提升灵性的工具,他们也从来不认为苦难毫无意义。当然,我们所说的苦难是指作为历史事实的一个事件,或由于自然灾害(洪水、干旱、暴风)、人为侵犯(纵火、奴役、屈辱)、社会不公等所带来的苦难。

如果说这些苦难是可以忍受的,那是因为它的发生,既非平白无故,也非随心所欲。举例说明是多余的,它们随处可见。原始人看见赤地千里、一片荒芜,牛因瘟疫被扑杀,孩子生病,自己又高烧不止,打猎总是背运,他知道这些事件并非偶然,而是受到某些巫术或者魔鬼的影响,祭司或巫师拥有对付它们的兵器。因此,面对灾害,原始人和整个社团都会这样去做:他找来巫师消除巫术的魔咒,或找祭司祈求诸神保佑。如果祭司或巫师的干预没有结果,那么,利益相关的团体就会想到在平时几乎完全忘记的**至上神**,供上祭品,向袘祈祷:"天神啊,不要带走我的孩子;他还年轻",火地岛的游牧部落赛尔克南人如此祈祷。霍屯督人则哭泣道:"祖尼—哥安啊,只有你知道我是无罪的!"暴风雨来了,塞芒族俾格米人用竹刀划伤他们的小牛,一边将血洒向四面八方,一边喊:"塔派登啊!我不再冥顽不灵,我要赎罪。请接受我的亏欠吧,我要赎罪!"[1]此外,顺便提一下,我们在《宗教史论》里详细探讨过一个观点:在所谓原始人的崇拜仪式里,只有到了最后关头,在祈求诸神、妖怪、巫师来消除"苦难"(旱魃、霖雨、灾难、疾病等)而没有结果后,作为最后的解救办法,至上之天神才会出手干预。只有到了这种地步,塞芒族俾格米人才会忏悔他们所犯下的罪过,这种风俗,作为解脱痛苦的最后手段,我们在其他民族那里也时有所闻。

与此同时,应对"苦难"的巫术—宗教的每一个时刻,都清楚地表明苦难的意义:苦难来自敌人的巫术活动、破坏禁忌、闯入禁地、神灵发怒,或者——如果所有假设均不成立,那么——苦难也许就来自至上神的旨意或愤怒。原始人——正如我们下文就要看到的那样,其实不单单是原始人——无法想象一种毫无缘由的"苦难"[2];它总是缘起于个人的错误(如果他相信那是宗教上的错误)、或邻人的恶意(如果巫师发现了其中的巫术活动);"苦难"的背后,总有某种过失,至少有某种原因,可以从那个被遗忘的至上神的意志中分辨出来,最后还是被迫向袘求助。不管在什么情况下,苦难总是变得可以理解,因而也是可以忍受的。原始人用各种巫术—宗教的手段和"苦难"作斗争——但他在道德上忍受苦难,因为它并不荒谬。"苦难"的关键时刻是在它出现之际;苦难只有在找不到原因时才令人烦恼。一旦巫师或祭司发现引起儿童或动物夭亡、旱灾不去、淫雨不断或猎物消失的原因,"苦难"就变得可以忍受了;苦难自有其原因、意义,因此苦难可以纳入一个体系而得到解释。

我们前文关于原始人的讨论,几乎完全适用于所有远古文化的人类。自然,解释受苦受难的神话母题各有不同,但解释本身随处可见。大体而言,苦难被视为偏离"规范"的后果。毋庸赘言,此规范随不同民族、不同文明各不相同。但在我们看来,关键在于,在远古文明的架构里,受苦受难在任何地方都不是被视为"盲目的"、毫无意义的。

印度人很早就精心构造了一套宇宙的因果律,"业"的概念,以解释实际发生的事件与个体生命的苦难;同时用以说明轮回的必然性。从"业"的观点着眼,苦难不仅有意义,而且有积极的价值。个人今生的苦难不但是应当忍受的——因为它事实上是前生所犯罪恶与过失的必然结果——而且应当是乐于接受的,因为只有通过此种方式,才能消解并清偿压在一部分个人身上并决定他来生之轮回的业债。依据印度人的构想,人生下来时即带着债务,但他还拥有结下更新债务的自由。人的存在就是一长串的欠债与还债,只是其间的账目并不总是清楚的。一个人只要不是完全缺乏智力,就会冷静地忍受降临在他身上的苦难、悲伤、打击,以及种种不公,因为这些都是偿还其某个前生尚未清偿的债务。自然,印度人很早就寻找到了某种途径，将自己从这种为业力法则所决定的无限的因果链中解脱出来。但是这些解决方法，并不能抹杀苦难的意义，反而是强化了此种意义。和瑜伽思想一样，佛教也确立了一切皆苦的原则，并且提供了一套具体而彻底的方法，从一切人生赓续不断的苦难中得到解脱。然而，和瑜伽思想一样，佛教以及实际上印度各种解脱法门，对于痛苦乃是一种"常态"，从未有过片刻的怀疑。至于吠檀多派，则认为苦难只是"泡影"，因为整个世界就是泡影；人类受苦的经验以及世界本身都不是本体意义上的实在。除了唯物主义的顺世派和斫婆派——它们认为"灵魂"和"神"都不存在，避免痛苦、寻求快乐就是人给自己确立的唯一合乎理性的目标——以外，整个印度都认为，痛苦——不论其本质如何（宇宙的、心理的或历史的）都有明确的意义与功能。因为业力使任何世间事物都按照因果律而生灭。

即使远古时代的世界未曾提出像业力这样明确的概念去解释痛苦的"常态"，我们也处处可以发现一种相同的倾向，即赋予苦难与历史事件一种"常态化的意义"。在这里，我们并非要去讨论这种倾向的所有表现方式。我们几乎在所有地方都会遇到这样（主宰着原始人的）古老的观念，将苦难归结于某种神意，或者是其直接干预所致，或者是允许其他鬼神的力量介入导致苦难的产生。歉收、干旱、敌人劫掠城市、丧失自由或生命、各种灾害（流行病、地震等）——均可以这样或那样的方式用超越的或神的经纶来解释或说明。是不是被征服的城市神灵的神力不及获胜的军队的神灵；是不是整个社群，或者只是某个家庭，在某个神灵的仪式上犯了过失；是不是符咒、恶魔、疏忽或诅咒在起作用了——个人或集体的苦难总有理由。有了理由，就能忍受。

不仅如此。在地中海—美索不达米亚地区，人的苦难很早就和神的苦难连在一起。之所以如此，是要赋予苦难以一个原型，而这个原型再使这些苦难得以实在化、"常态化"。在整个古代东方世界，到处可见反映坦木兹受苦、死亡和复活神话的雕像和其他各种形象，此种场景的遗迹甚至留存到后基督教时代的诺斯替派。在此我们只想提醒诸位，坦木兹的受苦和复活为其他神灵（如马尔杜克）的受苦提供了范本，而且无疑地，每年还为国王所仿效（因而也是重复）。民众的哀恸和喜悦，以纪念坦木兹或任何其他宇宙—农业神之受苦、死亡和复活，深深印在了东方人的意识里，这个事实被大大地低估了。而这个事实既和死后复活的预感有关，也和坦木兹受苦带给每个人的安慰有关。只要人们还记得坦木兹的故事，任何苦难就都可以忍受了。

这样的神话故事提醒众人，苦难不是最后的结局；死亡之后便是复活；最后的胜利可以消弭和超越每一次失败。这些神话与前一章所述月亮的神话显然具有相似之处。在此，我们想要强调的是，坦木兹或任何其他相同的原型解释了"义人"所受的苦难——换言之，苦难变得可以忍受了。神——以及常常所说的"义人"、"无辜之人"——并无过犯却饱受苦难。他受尽羞辱，遭到鞭笞，鲜血淋漓，囚禁在"深坑"，也就是地狱里面。在这深坑里，大女神（Great Goddess，在后世的诺斯替派文献里又称"信使"）前来探访、鼓励他，使他复活。此种关于神灵受苦受难的具有慰藉作用的神话，过了很久才从东方诸民族的意识里淡出。例如,威登格伦教授相信,它还存在于摩尼教或曼德教的原型里面[3],当然,在希腊—东方的文化发生融合的时代,它多少必然会发生变化,产生若干新的价值。无论如何,有一个事实必须引起我们的注意:这个神话场景表现出一种极为古老的结构,它即使不是在"历史的意义上",至少也是在形态学上起源于月亮神话,而月亮神话的古老是毋庸置疑的。我们已经看到,月亮神话对全部的生命提出了一种乐观的观点:万物循环往复;死亡必然伴随复活,必然伴随新的**创造**。坦木兹的范式性神话(美索不达米亚的其他诸神亦然)亦认同这样一种乐观主义:不仅个体的死亡可"得救";他的苦难也同样可以。至少,和坦木兹神话一脉相承的诺斯替派、曼德教和摩尼教也说明这一点。这些派别认为,人本身必须承受和坦木兹同样的命运:跌入"深坑","给黑暗王子为奴",被**信使**唤醒,带给他即将得救、获"解救"的福音。由于文献不足,我们不可将同样的结论沿用到坦木兹身上,但我们不妨相信,他的故事与人类的故事相差无几。因此,祭祀仪式获得巨大"成功"是和所谓的植物神不无关联的。

被视为一种神显的历史

希伯来人认为,每一次历史灾难都是耶和华对他们的惩罚,祂因选民自我放纵犯下了荒淫之罪而震怒。任何军事上的失败都不荒谬,任何苦难都不是平白无故的,因为在"事件"之外,总能感受到耶和华的旨意。不唯如此:我们还可以说,这些灾难是必要的,上帝已经预见到它们,好叫犹太民族不至于违背摩西留下的宗教传统而违逆他们真正的命运。实际上,每一次历史给了他们机会,每一次他们享有一段相对安宁、经济繁荣的日子,希伯来人就背弃耶和华,崇拜邻人的巴力与亚斯他录神。只有历史灾难迫使他们朝向真正的上帝,重归正道。于是"他们就呼求耶和华说:'我们离弃耶和华,侍奉巴力和亚斯他录,是有罪了。现在求你救我们脱离仇敌的手,我们必侍奉你。'"(《撒母耳记上》12:10)。在灾难时节回归真正的上帝,令我们联想到原始人绝望的行为:他们要身处险境,求告其他"形式"的神(诸神、祖先、鬼怪)都失败了之后,才会重新发现**至上神**的存在。可是,自强大的亚述—巴比伦军事帝国相继出现在其历史地平线之后,希伯来人就持续生活在耶和华所宣告的威胁中:"倘若不听从耶和华的话,违背袖的命令,耶和华的手必攻击你们,像从前攻击你们列祖一样。"(《撒母耳记上》12:15)

先知们只是通过令人畏惧的异象,确认并且阐述耶和华一定会对他那些不能坚持信仰的民众予以惩罚的道理。只有在大灾难证实了这些预言(实际上,从以利亚到耶利米都是如此)之后,历史事件才获得宗教的意义:它们明白地表现为上帝因为以色列人不虔诚而给予他们惩罚。由于先知用严格的信仰眼光解释当代事件,这些事件就转变成为"否定的神显",转变成为耶和华的"怒气"。因此,它们不但具有了意义(因为正如我们所见,整个东方世界都认为每一历史事件都有其自身的意义),而且还揭示了某种潜在的连贯性,因为它们具体地表达了同一个神的意志。因此,先知首次赋予历史以一种价值,超越了传统的循环(这种观念确保所有事物将会永远重复)的观点,并且发现了一种单向度的时间。此项发现并没有立刻并且充分地为犹太民族的思想所接受,各种古老的观念还残存了很久时间。

但是,我们首次发现了犹太民族肯定并逐渐接受这样一个观念:历史事件本身是有价值的,因为它们是由神意决定的。犹太民族的上帝不再是一个东方神灵,原型行为的创造者,而是一个人格神,不断干预历史,通过历史事件(侵略、占领、战斗等等)表现自己的意志。于是,历史事实就变成与上帝相关的人的"处境",因而获得以前从来不具备的宗教上的价值。我们可以说,希伯来人无疑最早发现历史作为上帝神显的意义,正如我们所期望的,这种观念后来被基督教接受并发扬光大。

我们甚至可以问,建立在神灵直接的、人格的启示基础之上的一神教是否必然包含时间内的"救赎",是否能包含历史架构内的"价值"? 无疑,在所有宗教,甚至所有文化里都可以发现天启观念,只是表现形式或隐或显而已。事实上(读者可参考第一章),最终由人类不断重复的原型行为同时也就是神圣的显现或神显。最初的舞蹈、最初的决斗、最初的捕鱼探险和最初的婚礼、最初的献祭一样,成为人类的范式,因为它们启示了神灵、太初的人类,以及开启民智的英雄的存在模式。只不过这些启示发生在神话时间里、发生在起初的超时间的那一时刻;因而,正如我们在第一章所见,在某种意义上,任何事物都要与世界的开始、宇宙的诞生相符合。在那一时刻,彼时,万物已经发生,已经得到启示:世界的创造、人的创造、人在宇宙中被给予的处境,乃至于这个处境(生理学的、社会学的、文化的等等)最为细节的部分。

但一神教启示的情况全然不同。这启示发生于时间里面以及历史的赓续之中:"摩西"在"某地""某时"接受"律法"。当然,在这里也涉及原型,因为这些提升到范式地位的事件将被重复;但是,只有一个时代结束了——也就是到了一个新的那时——它们才会被重复。例如,就像以赛亚(11:15—16)预言,红海与约旦的奇迹之旅将会在"当日"重演。虽然如此,上帝给摩西的启示的时刻仍是一个特定的时刻,明确处在时间之内。又因那一时刻代表着一次神显,因此获得了一种新的维度:那一时刻是珍贵的,因为它是历史事件、不可逆转。

可是,弥赛亚主义并不能赋予时间以末世论的价值:未来还将更新时间,亦即还将恢复时间原初的纯净和完整。因此,彼时不但处于时间的开端,也处于时间的终了。[4] 在此恢宏的弥赛亚异象中,不难发现那种非常古老的情节,即通过重复世界之**创造**与国王之受难,而每年让**宇宙**更新。当然,在较高的层次上,弥赛亚担当了国王的末世角色,他扮演神或代表神降临人间,他的主要使命是要使整个自然周期性地更新。他的苦难令人联想到国王的苦难,但是,正如在古代场景中一样,最后的胜利总是属于国王。唯一的区别是:战胜黑夜的混沌势力不再有规律地每年发生,而是投射到未来,投射到弥赛亚式的那时。

在"历史的压力"下以及先知的、弥赛亚的经验的支持下,以色列之子开始形成对历史事件的一种全新的解释。以色列人并没有最终放弃原型与重复的传统观念,他们试图"拯救"历史事件,将它们视为耶和华的主动显现。美索不达米亚各民族能够忍受个人的或集体的苦难,因为他们将其视为由神灵和魔鬼两种力量的冲突,也就是说这些苦难构成了宇宙戏剧的一部分[**世界的创造**发生在无从记忆的、无限(*ad infinitum*)遥远的时代,在此之前,还存在着混沌,并且这个世界倾向于重新淹没于此种混沌;自其无可记忆的无限时代以来,一种新事物的诞生就内含痛苦与受难,等等],而在弥赛亚式的先知的以色列时代,历史事件之所以能够忍受,一方面是因为出自耶和华的旨意,另一方面则是因为它们是上帝的选民最终得救所必需的。弥赛亚主义重新改造了一个神灵(如坦木兹型的)"受难"的古老情节并赋予它们新价值,尤其是剥夺了它们无限重复的可能性。弥赛亚来临,世界就将一劳永逸地得救,历史将不再存在。在此意义上,我们不仅有理由说弥赛亚以末世论的方式赋予未来、"彼时"以价值,而且可以说历史的流变也可以"得救"。历史不再是原始民族所述自身无限重复的一种循环(宇宙创造、枯竭、破坏、每年重新创造),也不像起源于巴比伦的各种理论——我们将很快看到——所构想的那样(跨越相当长的一段时间——千禧年、"大年"、大时代——的创造、破坏、创造)。在耶和华旨意的直接安排下,历史似乎成为一系列的神显,不管是"正面"或是"负面"的,每一次神显都有其内在价值。当然,所有军事上的失败都可以追溯到一个原型:耶和华的怒气。虽然每一次失败基本上都是同一个原型的重复,但它们都具有一种不可逆的协同因素的影响:耶和华的亲自干预。例如,撒马利亚的沦陷虽然和耶路撒冷的沦陷相当,但也有所不同,两者事实上并不相同,因为它是由耶和华又一次新的行为引起的,是主对历史的又一次新的干预。

但是,我们不要忘记,这些弥赛亚派的观念乃是宗教精英阶层的独创。许多世纪以来,这个精英阶层虽然从事着对以色列人民的宗教教育,但未能成功地根除古代东方传统赋予生命和历史的价值。希伯来人周期性地回归巴力和亚斯他录的崇拜,我们可以解释为他们拒绝赋予历史以价值,亦即拒绝将历史视为神显。大众阶层,尤其是农业社团更加偏爱古老的("巴力与亚斯他录")宗教观念,因为它使他们更接近"生命",帮助他们忍受**历史**,即使不是全然地忘却。弥赛亚派的先知坚定不移地接受历史,将其视为与耶和华的可怕对话;他们坚定不移地想从军事上的失败中结出道德和宗教的果实,忍受它们,因为那些失败是耶和华与以色列人民重新和好,使其最终得救的必要条件——再有,他们坚定不移地认为,每一个时刻都是决定性的,因而都有宗教上的价值——但在宗教上制造了巨大的紧张关系,大多数以色列人都拒绝承认这些观念[5],就像大部分基督徒,尤其是普通民众那样拒绝过真正基督教的生活一样。在遭逢不幸与考验之际,与其喋喋不休地谴责某个"意外事件"(如诅咒)或某种"疏忽"(如仪式上的过失),倒不如用一场献祭加以补救(即使是将婴孩给摩洛也无所谓)来得更加容易,可以带来更多慰藉。

就此而言,亚伯拉罕献祭的经典例子,极好地说明了重复原型的传统观念与通过宗教经验而获得"信仰"这个新维度之间的差异。[6]从形态学的角度考虑,亚伯拉罕的献祭就是将头生子献给神,在古代东方世界是一种常见的做法,直到先知时代,希伯来人一直保留此种风俗。头生子通常被视为神的孩子;实际上,在整个古代东方,未婚女子依照风俗要在神庙里过夜,以此怀上神(神的代表祭司,或者祂的使者,"陌生人")
的孩子。头生子献祭给神,只是将原本属于神的东西还给祂
而已。由此,青春的血液增强神耗尽的能量(因为,所谓丰产
之神努力维系世界,确保其产出众多,就会耗尽自己的实质,
所以,祂们本身也需要周期性的更新)。在某种意义上说,以
撒本来就是上帝的儿子,因为撒拉早已超过生育年龄,亚伯拉
罕和撒拉才生下他。但上帝将以撒赐给他们,是因为他们的
信仰;他是承诺和信仰之子。亚伯拉罕将他献给上帝,在形式
上和古代闪米特人将头生子献给神并无二致,但在内容上却
判然有别。在整个古代闪米特人世界,这样的献祭虽然有其
宗教功能,但它只是一种习俗、一种仪式,其意义是可以充分
理解的,而在亚伯拉罕这里,这是一种信仰行为。他不了解为
何要求他这样献祭,但他还是去做了,因为这是主要他这样做
的。通过此种表面看似荒谬的行为,亚伯拉罕开创了一种新
的宗教经验,即信仰。(整个东方世界的)其他人则游走在终
将被亚伯拉罕及其后继者超越的神圣的经纶里面。用克尔凯
郭尔的术语说,他们的献祭属于"一般"的献祭,亦即它们基于
远古时代的神显,只是关注宇宙间神圣能量的流转(先从神流
到人和自然,再通过献祭,从人流回到神等等)。这些行为可
以通过它们本身加以解释;它们进入一种逻辑的和前后一贯
的系统里面:凡是属于神的,必须归还给神。而在亚伯拉罕这
里,以撒是主的馈赠,不是直接的、有形的受孕所生。上帝与
亚伯拉罕之间横亘着一道深渊;存在一种连续性的根本断裂。
亚伯拉罕的宗教行为开启了一种全新的宗教维度:上帝以人
格,以"全然不同"的存在显示自身,命令、赐予、要求,不需要

任何合理的(亦即一般的、可预测的)解释,对祂而言什么事都可能。此种新的宗教维度就使犹太—基督教意义的"信仰"成为可能。

我们援用这个例子,乃是为着说明犹太教和传统结构相比,它的创新之处。正如亚伯拉罕的经验可以被视为人在宇宙中的一种新的宗教地位,通过先知的功能和弥赛亚主义,在以色列精英的意识中,历史事件通过一种从前不为他们所知的维度显现自己:历史事件变成了一种神显,通过此种神显,不仅启示了耶和华的旨意,也启示了祂与祂的人民之间的人格关系。同样的观念经过基督学之精心阐释而得到强化,最终成为圣奥古斯丁以来基督教努力建构的历史哲学的基础。不过,我们还要再重复一遍:不管在基督教还是在犹太教这里,此种新的宗教经验维度即信仰的发现,都没有最终造成传统观念的根本变革。信仰只是存在于个别的基督徒身上。时至今日,绝大多数所谓的基督徒,仍然忽略历史、忍受历史,而不是将它视为"消极"或"积极"的神显。[7]

尽管如此,犹太精英接受历史、圣化历史,并不意味我们前章描述的传统态度已经被超越。弥赛亚主义相信世界本身终将更新,也表明了一种反历史的立场。希伯来人既然不能漠视历史,也不能周期性地消弭历史,就忍受它,希望在未来的某个时刻,历史会终结。他们将历史限制在时间里,以此来弥补历史事件与时间的不可逆。在弥赛亚主义的精神领域内,对历史的抗拒比传统的原型与反复的精神领域还要坚定;如果说后者是通过创造的周期性更新、时间的周期性更新来拒绝、忽视甚至消弭历史,那么在弥赛亚的观念里,必须忍受历史,因为它有末世论的功能,但它是能够被忍受的,因为众所周知,总有一天历史将会终止。因而历史被消弭,既非通过意识到活在永恒的当下(亦即在原型显现时在非时间的那一刻与之合一),也非通过周期性地重复仪式(如新年仪式)——它是在未来被消弭的。世界的周期性更新,被一种将会发生在未来的彼时的唯一的更新所取代。不过,最后地、决定性地终结历史的愿望,其本身仍是一种反历史的态度,和其他传统的观念毫无二致。

宇宙循环和历史

　　在各种远古文明中,通过历史而获得意义,最明白的表现,莫过于宇宙大循环的理论,这些理论,我们在前章略带提过。我们必须回过头来再次进行探讨,因为在这里其自身首先出现了两种不同取向:一种是传统型的,约略表现(从未曾清晰的、系统的表述)在各种"原始"文化里,那是一种循环的时间,无限地周期性地自我更新;另外一种是"现代型"的,那是一种有限的时间,是在两个非时间性永久性之间的一个时间片段(虽然其本身也是循环的)。

　　几乎所有关于"大时"的理论都与时代相续的神话有关,"黄金时代"总是发生在循环周期的开始,与范式性的彼时近在咫尺。在上述两种学说——即循环时间和有限的循环时间——中,这个黄金年代是可以恢复的;换言之,是可以重复的,在前一种学说里,可以重复无数次;而在后一种学说里则只能出现一次。我们提到这些事实,不是因为这些理论本身令人感到很有意思,而是因为我们要从这两种学说的观点来澄清"历史"的意义。我们将从印度传统开始,因为正是在这里,永恒回归的神话表现得最为明显。宇宙周期性的毁灭与创造的信仰,早见于《阿闼婆吠陀》(X,8,39—40)。在日耳曼传统里也保存着相似的观念(寰宇大火,末日决战,随之是新的世界创造),证实了该神话的印度—雅利安人的结构,可以将它视为前章所述原型的各种变体。(日耳曼神话可能受到东方影响,但后者未必破坏末日决战神话的真实性和本土特征。此外,也很难解释印度—雅利安人为何没有从他们共同的史前时代接受所有"原始民族"都抱有的那种时间观念。)

然而,印度人的思考扩大、精心构想了宇宙生成、毁坏之周期性的节奏。循环周期的最小单位是宇迦,即"时代"。宇迦前有"黎明",后有"黄昏",将诸时代连接起来。一个完整的循环周期,或者大宇迦,由长短不等的四个时代组成。最长的一个出现在循环开端,最短的一个在其结束之际。第一时代是"圆满时",约4 000年,加上400年黎明,以及400年黄昏;然后是3 000年的"三分时";2 000年的"二分时",以及1 000年的"迦利时"(当然也要再加上相应的黎明与黄昏)。因此,一个大宇迦延续12 000年(《摩奴法典》I,69以下;《摩诃婆罗多》III,12,826)。每一新宇迦的时间持续递减,与之相对应,在人的层面上,便是寿命减少,伴随着道德衰败、智力下降。在各个层面发生的持续衰退——生物学的、智力的、伦理的、社会的等现象,《往世书》文献中有特别强调(参见《伐由往世书》I,8;《毗湿奴往世书》VI,3)。正如我们所见,从一个宇迦过渡到另一个宇迦,发生在黄昏时期,黄昏标识着这个宇迦本身的衰颓,每个宇迦都终结于一个黑暗阶段。随着这个循环的终结阶段,亦即第四个,也就是最后一个宇迦的到来,黑暗愈加深厚。我们今日所处的时代,便是这个"黑暗时代"。完整的循环周期最后以"劫灭"告终,在第一千个循环结束时,此种劫灭还会以更加强烈的方式重复发生,曰"大劫灭"。

雅各比[8]相信,在原来的思想里,一个宇迦相当于一个完整的循环,包含宇宙的创造、"减损"和毁灭,此论甚为正确。此外,这种思想更加接近我们在《宗教史论》一书中曾加以研究的原型神话(在结构上是一种月亮崇拜)。后来的思辨只是无限地延伸与重复此种原初的节律,"创造—毁灭—创造",将度量单位宇迦投射到更加广泛的循环中。12 000 年的大宇迦被视为"神年",每一个"神年"持续 360 年,因此,只是一个宇宙循环,就有 432 万年。一千个这样的大宇迦为一劫;十四劫为一摩奴时代。一劫等于梵天寿命中的一日;再一劫,等于一夜。梵天寿命为一百"年"。但梵天的寿命如此长远仍不能穷尽时间,因为诸神也不是永恒的,而宇宙的创造和毁灭却可无限赓续(其他的计算法甚至还增加了相应的梵寿)。

重要的是,我们应当注意到[9],此种巨大的数字反映了宇宙时间的循环性格。事实上,我们面对的是同一种现象(创造—毁灭—再创造)的无限重复;在每一个宇迦里面都有所预示("黎明"和"黄昏"),但是只有在大宇迦里才能完全实现。梵天的寿命因而为 256 万个大宇迦,而每一个大宇迦都重复同样的阶段(圆满时、三分时、二分时),而于劫灭或末日大决战("最终"的毁灭,一切形式退回到无形无状的混沌,发生于大劫灭每一劫终结之际)之际宣告终结。除了对历史的形而

上学上的贬抑——相应地由于历史的赓续的事实侵蚀了所有
形式,掏空了它们在本体论上的实质——除了我们在这里又
一次看到了完美开端的神话外,这种数字的狂欢值得我们留
意的还在于宇宙基本节律的永恒重复:周期性的毁灭与再创
造。人们只有依靠精神自由,才能脱离无终无始的循环(印度
所有救世学的解决办法都可以归结为从宇宙的幻象中获得解
放,获得精神自由)。

印度两大非正统教派,佛教和耆那教都接受泛印度思想
的时间循环论,至少接受了其主要框架,将时间比喻为一个十
二辐的轮子(吠陀文献已经用了此种想象,参见《阿闼婆吠陀》
X,8,4;《梨俱吠陀》,1,164,115 等)。

佛教以劫为宇宙循环的度量单位,每劫分成数目不等的
"无量数"(*asamkhyeya*,巴利文:*asankheyya*)。巴利文经典常言
及四个无量数和十万劫(如《本生经》,1,2)。大乘文献的"无
量数"之数目在 3、7 与 33 之间,分别和不同宇宙里的菩萨的
生涯有关。[10]佛教传统认为,人寿日减标志着人类的衰颓。例
如,《长阿含经》(*Dîgha-nikâya*)Ⅱ,2—7 称,第一过去佛毗婆尸
出现于过去九十一劫时,当时人寿约 80 000 岁;第二过去佛尸
弃(出现于过去三十一劫时),当时人寿为 70 000 岁,等等。到
第七过去佛乔达摩时,人寿仅百年,已减损到了至极。(我们
在伊朗与基督教的启示文献中还会遇到相同的母题。)尽管如
此,在佛教以及所有印度思想看来,时间都是无限的;菩萨会
现身,对一切有情众生宣告永远脱离苦海的福音。唯一可能
从时间中解脱、打破轮回的方式,便是断灭因缘,证得涅槃。[11]
此外,所有这些"无量数",这些不可计数的永世具有救世的功

能；只要冥想其景象，足以使人畏怖，驱使他认识到自己必须开始这样轮回的存在，一再隐忍无尽的苦难，几百万次又几百万次；这会增强他解脱的意志，亦即迫使他一劳永逸地超越"有情"之因缘。

印度人对时间循环的冥想充分显示出"对历史的拒绝"。但是在这里，我们必须强调其与远古时代的概念有着根本不同；传统文化通过周期性消弭世界的创造而拒绝历史，由此一次又一次生活在开端的非时间性的时刻，而印度精神则极度贬抑甚至拒斥再现那个曙光初照的时代，认为不能有效解决受苦的问题。总之，吠陀（因而也是远古时代的、"原始人的"）与大乘佛教在宇宙循环观点上的分歧，恰好表明原型的（传统的）人类学立场与存在主义的（历史的）立场间的不同。"业"，宇宙的因果律，解释了人类的因果，说明了历史的经验，对前佛教印度人的意识而言，它可以说是一种安慰的泉源，最后竟成为人类"受奴役"的象征。因此，任何印度形而上学与修炼，只要它主张人的解脱，都以灭绝业力为旨归。但是，如果说宇宙循环的思想只是解释了宇宙因果的学说，那么我们就不会在此提到它们了。事实上，四宇迦的观念贡献了一种新元素：它可以解释历史的灾难以及人类在生物学、社会学、伦理与精神上的逐渐衰颓，同时赋予它们合法性。仅仅由于时间的赓续本身，它使宇宙因而也暗中使人的状况持续恶化。正是由于目前我们处于"黑暗时代"，它的发展，处处呈现在走下坡的迹象，肯定也会以大灾难告终，因此，我们命定较前几个"时代"的人遭受更大的苦难。如今，在我们的历史时刻里，没有什么别的可以期望；充其量（正是在这里我们窥见到迦利时代的救世功能,以及昏暗的、灾难的历史带给我们的得天独厚之处)我们可以从宇宙的奴役状态中解脱出来。因此印度的四宇迦说,对陷入历史恐怖的人能够产生鼓舞与安慰的作用。实际上:(1)一方面,人因与此衰颓的解体同在所必然遭受的苦难,有助于他理解人生的危机,由此促成他寻求解脱;(2)另一方面,此说论证并且解释了,倘若他不寻求解脱,而是放纵此生,那么还是会遭受痛苦,因为他意识到,他生活其中(或者更准确地说,他将转世)的时代乃是跌宕起伏的、灾难性的。

上述第二种可能性,即人意识到自己陷入了一个循环周期结束之际的"黑暗时期",这个观念在我们看来很有意思。事实上,在其他文化与其他历史时期,我们也发现类似的观念。意识到处在每况愈下的宇宙循环的轨道里,从而勇于承担,与灾难的时代同行,尤其在希腊—东方文明曙光初现之际,也是一种发挥重要作用的人生态度。

在这里,我们无需关注东方—希腊化文明提出的许多问题。我们感兴趣的只是,在这些文明中的人如何在历史——尤其是直面当时所处历史——中,找到自己的处境的。正因如此,对于古老的宇宙循环阐述和探讨的各种宇宙构成体系的起源、结构与演变及其哲学影响等问题,我们无需流连忘返。我们只是要看看,自前苏格拉底时期到新毕达哥拉斯学派为止的这些宇宙结构体系,是如何回答下面这个问题的:历史的意义是什么?亦即由不可避免的地理环境、社会结构、政治状况等所导致的人类经验的整体性,其意义是什么?与此同时我们要指出,这个问题只对东方—希腊化时期的极少数人——也就是那些已经脱离了古代精神世界的人——才有意义。与他们同时代的——尤其是生活在这个时期开始的——绝大多数人都仍然受到原型观念的支配；他们很晚才摆脱此种思想的支配（也许农业社会从来就没有从根本上摆脱），即便因亚历山大征服而导致的巨大历史张力，一直到罗马陷落，还没有告一段落。但是，由前苏格拉底学派起始的这批少数人，他们所精心构造的哲学神话及多少带有科学色彩的宇宙结构说，日后却散播极广。公元前 5 世纪时还是难以把握的诺斯，四个世纪以后，竟成为可以安慰千百万人的思想（例如，罗马世界的新毕达哥拉斯派与新斯多葛派便是明证）。当然，对于所有这些基于宇宙循环神话的希腊与希腊—东方的思想，我们所感兴趣的，在于它们日后取得的"成功"而非它们本身的内在价值。

这个神话仍然可以从最早的前苏格拉底哲学沉思里面分辨出来。阿那克西曼德主张，一切事物都是从无限者（apeiron）诞生，还要回归到那里去。恩培多克勒设想，有两种对立的原则"爱"（philia）和"憎"（neikos）交替起到主导作用，以此解释宇宙永恒的创造和毁灭（其中可以分辨出四个不同阶段的循环[12]，这多少有些步佛教所说的"无量数"之后尘）。此外，正如我们所看到的，寰宇大火说也为赫拉克利特所接受。至于永恒的回归——一切存在者周期性地回归它们之前的状态——则多少可以确定，构成了原始毕达哥拉斯主义的一部分。[13]最后，约瑟夫·比德兹对最近的一些研究成果做了令人赞赏的应用和综合[14]，表明柏拉图的体系至少有些因素来自伊朗—巴比伦。

我们还会回过头来讨论这些来自东方思想的影响。现在，我们先来看看柏拉图，尤其在其根本文献《政治家》269c以下，是如何解释循环的回归神话的。柏拉图在宇宙的一种双重运动中发现了宇宙退化和宇宙毁灭的原因："……我们的这个宇宙，神一会儿亲自引导它作圆周运动，一旦其运转获得延续性，而有利于这个宇宙，就会让它自己旋转；因此，宇宙就开始朝相反方向旋转……"这种方向的改变带来了巨大灾难："在此种大毁灭中，一般动物与人类都要毁灭，只有恰当的少数代表存留下来"（270c）。但是在这场灾难之后，是吊诡的"更新"。人类返老还童："老者的白发变黑"，而青少年的体格则日复一日地衰落，回到如同新生婴儿般大小，"继续消耗下去，直到消亡"。此时死去的这些人，"几天以后肉体完全消失，不留下任何痕迹"（270e）。正是在这个时候，"**大地之子**"诞生了，我们的祖先还记得他们的模样（271a）。在这个克洛诺斯时代里，既无残暴的动物，动物之间也不存在敌意（271e）。这些日子里的人无妻无子："从大地里面升起，他们全都有了生命，却没有保留下任何前世的记忆。"树木赠予他们无尽的果实，他们赤裸身体，睡在大地上面，不需要床，因为四季温暖适中（272a）。

柏拉图唤醒的太初天堂的神话，在印度人的信仰中依稀可辨，亦见诸希伯来人（例如《以赛亚书》11：6，8；65：25的弥赛亚的"从前"）和伊朗人（《丹伽尔特》VII，9，3—5），以及希腊—拉丁诸传统。[15]此外，这个神话还和远古时代（很可能非常普遍的）"天堂般开端"——从中可以发现各种"太初的从前"的价值——的观念完全符合。柏拉图在其晚年的对话录中重述了这些传统的异象是不足为奇的；他的哲学思想本身的不断演变，迫使他重新发现神话的范畴。克洛诺斯的"黄金时代"的记忆在希腊传统中当然有所保存（参见例如，赫西俄德在《劳作与时日》110 页以下所描述的四个时代）。然而，这个事实并不妨碍从《政治家》中辨别出某些来自巴比伦的影响；例如，柏拉图将周期性的大灾难归咎于行星的运行，最近的研究[16]认为此种解释来自巴比伦的天文学思想，后来通过贝罗苏斯的《巴比伦—迦勒底史》传播到希腊化世界。此外，《蒂迈欧篇》说，部分大灾难是行星偏离轨道造成的（参见 22d 与 23e，赛斯的祭司提到的洪水），而这个所有行星相遇的时刻是"圆满的时间"（39d），亦即"大年"终结。约瑟夫·比德兹说："此种所有行星相遇造成宇宙激变的观念当然起源于迦勒底人。"[17]另一方面，柏拉图还提到，这些灾难的目的乃是要净化人类（《蒂迈欧篇》，22d），可见他似乎还很熟悉这个伊朗人的观念。

斯多葛派从自身的思想出发，重新唤起了宇宙循环的思想，强调永恒的重复[18]，也强调宇宙循环结束之际的寰宇大火。[19]斯多葛派或援引赫拉克利特的论点，或直接引用东方的诺斯替派，推广各种关于大年，以及周期性毁灭宇宙以便使之更新的寰宇大火的观念。逐渐地，这些"永恒回归"以及"世界末日"的母题开始主宰整个希腊—罗马文化。此外，宇宙的周期性更新（*métacosmesis*）是新毕达哥拉斯派所钟情的思想，正如哲罗姆·卡科皮诺所表明的那样，新毕达哥拉斯派和斯多葛派颇得公元前 1、2 世纪的罗马社会的拥护。但是，这两种哲学对"永恒重复"的神话和万物复兴说（*apokatastase*，此语在亚历山大大帝之后传入希腊化世界）都坚信不疑，从中我们不难设想他们极其坚决的反历史立场，以及抵抗历史的意志。我们将详细讨论这两种哲学。

我们在前一章已经看到，永恒重复的神话——希腊思想对它的再诠释也是如此——在很大程度上是企图使事物的变化"静态化"、消弭时间的不可逆。如果宇宙的一切时刻、一切处境都是无限重复的，那么，它们的幻灭便是明摆着的；以永恒的范畴观之(*sub specie infinitatis*)，一切时刻、一切处境都是静止的，因而能够获得原型的本体秩序。所以，在各种变化的形式中，历史的变化充满着存在。以永恒的重复观之，历史事件转化为范畴而重获其在远古精神世界的本体秩序。从一定意义上说，希腊人永恒回归的理论乃是重复原型行为的神话的最后变体，正如柏拉图的理念论是原型概念最终的、最精致的版本一样。值得注意的是，这两种学说在希腊哲学思想的巅峰时代得到了最充分的发展。

但在整个希腊—东方世界，最盛行的还是寰宇大火的神话。一场大火焚毁宇宙，只有好人可以逃脱并毫发无损的神话很可能起源于伊朗(如《班达喜兴》XXX，18 等)，正如古蒙所证明的那样[20]，至少从那些"西方的麻葛"传下来的这个神话形式起源于伊朗。斯多葛派的《西比尔神谕》(如 II，253)以及犹太—基督教文献都以该神话作为其启示文学与末世论的基础。正如我们奇怪地看到，这个神话竟然还有安慰人心的作用。事实上，大火更新了世界；这场大火将会恢复"一个新的世界，没有衰老、死亡、解体和朽坏，永生、人口永增、死者复活、生者长寿，世界永远更新不止"(《耶斯特》XIX，14，89)。[21]所以，这就是好人无所畏惧的"万物复兴"。最后的灾难将终结历史，使人恢复永生与至福。

古蒙与尼贝格的著名研究值得关注[22]，他们厘清了围绕着伊朗末世论的一些谜团，确定了它们对犹太—基督教启示文学的影响。和印度（某种意义上也和希腊）一样，伊朗也有四个的神话。一篇已失传的祆教经文《苏卡尔—纳斯克》（*Sudkar-nask*，其内容保存在《丹伽尔特》IX，8）指出，宇宙分成四个时代：金、银、铜与"铁合金"时代。《巴赫曼—耶斯特》（I，3）开篇也提到了同样的金属，不过，接着还描述了一棵有分枝的宇宙树（金、银、青铜、铜、黄铜、锡、钢和铁合金），和波斯神话的七重历史相对应。[23]凡事以七为数，无疑与迦勒底占星术思想有关，这种占星学主张七大行星各"主宰"1 000 年。可是祆教此前早已提出宇宙寿命为 9 000 年（3×3 000），而尼贝格则证明[24]，佐尔文派将此宇宙的寿命延长到了 12 000 年。在这两个伊朗体系里——推而广之，甚至在所有宇宙循环说里——世界将如费尔米库斯·马特努斯（III，1）后来所说的那样，被火和水终结，*per pyrosim et cataclysmum*。在佐尔文派体系里，奥尔马兹达创造的 12 000 年的"有限时间"前后，还有"无限时间"（*Zarvan akarana*）；在这个体系里，"时间比两大创造"[25]，亦即比奥尔马兹达与阿赫里曼的创造更加强大；所以，无限时间不是奥尔马兹达创造的，因而并不依附于祂——凡此种种，我们在这里都无需详细讨论。我们希望强调的是，在伊朗人的观念里，历史不是永恒的（不管是否在它之后还有无限的时间）；它不会自我重复，总有一天会在末世的寰宇大火和宇宙大灾难中结束。最后的灾难终结历史，同时也是对历史的审判。正如我们所知，到那时候——彼时——所有人都得汇报他们在"历史中"做了一些什么，只有无罪的人，才能得到至福和永生。[26]

温蒂希证明了这些祆教的观念对基督教护教论者拉克坦修的重大影响。[27]上帝在六天之内创造世界，第七天休息；所以世界将会持续六个大时代，在此期间，人间"罪恶横行、战胜良善"。在第七个千年，魔鬼将被捆绑，人类将获得一千年的休息与完美的正义。此后，魔鬼将挣脱捆绑，挑起对正义的战争；最后，他还会被消灭，在第八个千年结束之际，世界将再造，以至永恒。显然，基督教的千禧年论者也知道历史划分为三幕八千年[28]，但是毫无疑问此种划分在结构上起源于伊朗，即使一种与此相似的末世论史观由于希腊—东方的诺斯替教传遍了整个地中海东部与罗马帝国。

一系列的灾难，宣告世界末日将近；首先就是罗马的沦陷以及罗马帝国的毁灭，犹太—基督教启示文学经常如此预言，但是伊朗人对此并非一无所知。[29]进而言之，启示综合征为这些传统所共有。拉克坦修和《巴赫曼—耶斯特》都宣告"年将短，月将少，日将减"[30]，此种天人共衰的异象，我们在印度（人寿从 80 000 年减至 100 年）与流行于希腊—东方的各种占星术思想中都可以找到。那时，高山崩坍、大地夷平，人类向往一死，幸存者不足十分之一。拉克坦修写道："那时，正义不存，天真遭人嫌恶，邪恶捕杀善良，法律、秩序、军纪无人遵守，白发无人尊敬，圣职无人担当，妇孺无人怜悯；所有事物都错乱颠倒，违背神和自然的法则……"[31]在这预兆性的阶段过后，净化之水将摧毁恶徒，随之而来的便是基督教千禧年论者所期待的至福千年，《以赛亚书》与《西比尔神谕》也早有预言。

人类将会生活在一个新的黄金时代，直到第七个千禧年终结；在这个最后冲突过后，一场寰宇大火将吞没整个世界，由此诞生一个新的世界、一个永恒的正义和幸福的世界，不受星辰的影响，不受时间的主宰。

希伯来人同样将世界的赓续限定为 7 000 年[32]，但拉比阶层从不鼓励以数学计算法确定世界的末日。他们只是声明，一系列的宇宙和历史的灾难（饥馑、干旱、战争等）将会宣告世界末日。弥赛亚将会来临；死者将要复活（《以赛亚书》26：19）；上帝将征服死亡，接着世界也将会更新（《以赛亚书》65：17；《禧年书》I：29 甚至说有一次新的创世）。[33]

在这里，正如在前文别处提到的各种启示学说中，我们看到了一个传统的母题——在一个大时代即将发生变化、宇宙即将得以更新之前，极度衰颓、邪恶与黑暗得胜，等等。例如，耶利米翻译的一份巴比伦文献[34]，预见到末世景象："当诸如此类事情在天上发生时，明亮变灰暗、纯洁变污秽，大地陷入混乱，祈祷者无人垂听，先知的征兆变成噩兆……在他（一个不服从诸神命的君王）统治下，人将相食，鬻子求金，丈夫抛弃妻子、妻子抛弃丈夫，母亲将女儿关在门外。"另外一篇诗歌则预言：那些天，太阳不再升起，月亮不再出现，等等。

尽管如此，在巴比伦人的观念里，这段昏暗时期过后便是一个新的天堂般的黎明。正如我们所期待的那样，这天堂开启了一个新君的统治。亚述巴尼拔认为自己就是宇宙的更新者，"自从友善的诸神助我继承先祖的王位以来，亚达降雨……收获无数，五谷丰登……牛群繁殖众多"，尼布甲尼撒也说自己："我令国家丰衣足食，年年有余。"在一份赫梯文献里,穆希里施如此描述其父亲的统治:"……他在位期间,赫梯全境繁荣昌盛,那时,人丁兴旺、牛羊满圈。"[35]这个观念甚为古老而又甚为普遍:在荷马、赫西俄德、《旧约》、中国及其他各地都有发现。[36]

简言之,我们可以说,伊朗人和犹太人、基督徒一样,都认为宇宙的"历史"是有限的;世界末日就是罪人毁灭、死者复活,以及永恒战胜时间。但是,这种思想虽然在公元前1世纪与公元最初几个世纪变得日益流行,却未曾完全消弭通过每年重复**世界创造**周期性更新世界的传统观念。我们在前一章看到,后者的残余直至中世纪还一直保留在伊朗人中间。同样,此种在前弥赛亚的犹太教就甚为流行的思想,以后也没有被完全消除,因为犹太拉比不愿意确定**上帝**为**宇宙**设定的时间究竟有多长,而只是断定彼时无论如何总会到来。另一方面,在基督教那里,福音传统本身就指出,早已存在于那些相信的人们"中间",因而彼时就是永恒的现在,任何人在任何时刻,只要悔改(*metânoia*),就可得到。由于所涉及的是一种与传统经验全然不同的宗教经验,所涉及的是一种信仰,基督教就将世界的周期性更新转换人类个体的更新。但是,一个人一旦分有这种上帝之国的永恒现在(*nunc*),历史对于他们,就像对于那些远古时代文化中的人一样,就完全停止了。因此,同样对于基督徒而言,历史可以通过每一个个体"信仰者",甚至在救世主复临之前就得以更新。

要充分探讨基督教给消弭历史的辩证法带来的革命,探讨如何逃脱时间的主宰,远远超出了本书的范围。我们要指出的是,即使在三大宗教——伊朗人的、犹太人以及基督徒的——框架里,宇宙的赓续限制在若干个千年之中并且断言,历史将最终于彼时终止,但三大宗教还是保存了某些周期性更新的痕迹。换言之,在最后的末世(eschaton)到来之前,历史是可以消弭的,因而也是可以若干次更新的。实际上,基督教的教会年历就是基于周期性地、真实地重复耶稣的出生、受难、死亡和复活,以及这个神秘戏剧对一个基督徒的意义;换言之,就是通过具体(in concreto)再现救世主的诞生、死亡与复活,实现个人和宇宙的重生。

命 运 和 历 史

我们涉猎了各种希腊化—东方的宇宙循环思想,唯一的目的就是要为本章开头提出的问题寻找答案:人如何忍受历史? 每个体系的答案都一目了然:人在宇宙循环——不管这个循环能不能重复——中的处境赋予了他某种历史的命运。我们必须意识到,在这里绝不只是看到一种解释个人命运好坏两分的宿命论,无论我们赋予该术语以怎样的含义。这些思想回答的是当时历史的命运,而不是个体的命运所提出的各种问题。人类总是要面对一定数量的苦难(每个人所指的"人类",就是他自己所知道的那些人),只是因为人类自身处在某个历史时刻,也就是说,处于一个正在堕落的阶段或接近终结的宇宙循环里面。就个体而言,每个人都可以通过哲学或者神秘主义的方式摆脱这个历史时刻,或者得到心灵的慰藉,以面对随这一时刻而带来的有害后果。(我们只要提到那些历史紧张关系的几个世纪里,盛行于地中海—东方世界的大量诺斯替派、教派、秘仪以及哲学，就足以领略到企图从"历史"全身而退的人数是如何与日俱增的。）尽管如此，由于不可避免地处在它所属的宇宙循环中的堕落轨道上，历史的时刻从总体上无法摆脱由此给它带来的命运。从印度人的观点来看，在迦利宇迦里，即使人人奋发有为、努力寻求自由和灵性至福，最终仍然避免不了这个黑暗世界的整体消亡；同样，从我们涉猎的各种体系看来，某个历史时刻，虽然那时代的人类有可能逃逸，但整体上仍然只是悲剧性的、惨凄的、不义的、混乱的，因为任何预告最终的大灾难到来的时刻都必然如此。

事实上，遍布整个希腊—东方世界的所有宇宙循环的体系，都有一个共同特征：它们都认为当时的历史时刻（不管它处在哪个年代）与之前的诸历史时刻相比都代表着一种堕落。不仅当时的大时代要逊于其他的时代（黄金时代、白银时代等等），即使在本朝本代（亦即本朝本代的循环），人所生活其中的"刹那"之间也在日渐恶化。我们不可将这种贬抑当代刹那的倾向视作悲观主义。相反，它显示出一种极度的乐观。因为在当时败坏的处境中，至少有某些人看到了必然随之而来的更新的记号。自以赛亚时代以来，人们忧心如焚地遭遇一系列军事上的败绩与政治上的腐朽，它们都被当作令世界更新的弥赛亚式的那时之必然症候。

尽管各人立场有所不同，但都表现出一个共同特征：历史是可以忍受的，不仅因为它有意义，还因为最终它还是必然的。对于那些相信宇宙会不断重复一个又一个完整循环的人，以及那些相信只有一个正在接近终结的循环的人而言，当前历史的戏剧都是必然的、不可避免的。甚至在当时，柏拉图自己虽然接受了迦勒底占星术的某些先验图示，但对那些深陷占星宿命论的人、那些相信严格意义上的（即斯多葛派）永恒重复的人极尽讽刺之能事（如《理想国》VIII，第 546 页以下）。基督教哲学家也曾猛烈抨击那种在罗马帝国最后几个世纪里逐渐兴盛的占星宿命论。[37] 我们很快就会看到，圣奥古斯丁也将捍卫"永恒的罗马"的观念，拒绝各种循环理论所决定的宿命（fatum）。尽管如此，占星宿命论本身确实被用以解释历史事件的轨迹，从而帮助"当时"的人们理解它们、忍受它们，在这方面和希腊—东方各诺斯替派、新斯多葛派以及新毕达哥拉斯派一样取得成功。例如，历史究竟是由天体运行所主宰，还纯粹就是一个宇宙过程——此过程必然导致一种和最初结合密切相关的解体；历史是否遵从上帝的意志——此种意志能够为先知所窥见——结果都是一样的：历史上显现的灾难都事出有因。帝国兴亡、战争招致无数苦难，不道德、放纵、社会不义与日俱增——因为这些都是必然的，亦即都是宇宙节律、造物主、星座或上帝的旨意作用的结果。

由是观之，罗马的历史具有极大的重要性。罗马人在其历史上曾数度经历罗马城即将结束的恐怖——他们相信该城的寿数在罗慕洛建城之时就已经决定了。在《罗马的伟大神话》（Les Grands Mythes de Rome）中，让·于波深入分析了由于无法确定罗马的"寿命"而导致的几次危机时刻，哲罗姆·卡科皮诺则记载了一些历史事件和灵性上的紧张关系，它们足以合理地解释该城有望无需历尽灾难而复活。[38] 每当发生一次重大危机时，有两个抑郁的神话就会萦绕在罗马人心头：(1)城市的生命结束了，它的延续受到一定寿数的限制（罗慕洛看见的 12 只飞鹰揭示的"神秘数字");以及(2)**大年**将要结束一切历史,因而也将结束罗马的历史。因为在罗马建城第120 年底,人们认识到罗慕洛看到的 12 只飞鹰并非像人们所恐惧的那样,指该城只有 120 年的历史寿命。在建城第 365年底,也没有什么**大年**的问题,依照大年计算,罗马城的一年相当于**大年**的一天,而人们还认为,命运将担保罗马有另外一种**大年**,罗马的每 12 个月相当于 100 年。至于西比尔宣布的、哲学家以其宇宙循环理论解释的那种退行的"时代"和永恒回归的神话,罗马人则不止一次希望,可以不经寰宇大火就从一个时代过渡到另一时代。但是这种希望总是混杂着焦虑不安。每一次历史事件只要是突出其灾难性的节律,罗马人就相信**大年**已近终结,罗马即将覆亡。恺撒渡过卢比孔河时,尼基迪乌斯·费古鲁斯预见到宇宙和历史的大变局开始了,它将毁灭罗马甚至整个人类。[39] 但费古鲁斯也相信[40] 大火并非不可避免;新毕达哥拉斯派主张宇宙周期性更新也可能不需发生宇宙大灾难——这个观念,维吉尔曾采纳并加以精心阐述。

贺拉斯在其《抒情诗》(*Epode XVI*)里,掩饰不住他对罗马未来命运的恐惧。斯多葛派、占星术士以及东方的诺斯替派信徒从当时的战争与灾难里,看到即将来临的最后大灾难的记号。无论是从计算罗马"寿数",还是从宇宙—历史的循环来推论,罗马人都知道,不管还会发生别的什么事,这座城市都命定要在新的大时代开始之前消失。但是经过一系列长期血腥的内战,奥古斯都的统治似乎又开启了"永久的和平"。至此,两种神话——罗马的"寿数"与大年说引起的恐惧证明都是无稽之谈。"奥古斯都已重新建立了罗马,我们再也无需担心它的寿命",那些为罗慕洛的 12 只鹰而忧心忡忡的人可以如此自我安慰。"从黑铁时代过渡到黄金时代,未经寰宇大火就实现了",那些心头萦绕着各种循环说的人可以这么说。因此维吉尔认为,最后的时代,也就是太阳的时代、宇宙将会燃烧殆尽的时代,无需经历寰宇大火就能够取代阿波罗时代,他还认为晚近那些战争本身即是从黑铁时代过渡到黄金时代的记号。[41]在《埃涅阿斯纪》(I,第 255 行以下)中,朱庇特向维纳斯保证,他将不再给罗马人以任何空间和时间的限制:"我赐给他们无限的统治。"[42]正是在《埃涅阿斯纪》问世后,罗马才被称为"永恒之城",奥古斯都则是第二位建城者。他的生日,9 月 23 日被视为"**宇宙**的起点,奥古斯都拯救了这座城市的存在,使这座城市的面貌发生改变"。[43]那时候人们产生了一种愿望,认为罗马可以无限地周期性自我更新。于是,从 12 只鹰和寰宇大火的神话解放出来后,如同维吉尔预言的那样,罗马能够发展壮大,直到拥抱"太阳与年的路径之外"的地区("extra anni solisque vias")。

正如我们所见,在这些话语里面存在一种极大的努力,就是要将历史从星相宿命或从宇宙循环的定律里解放出来,通过罗马永恒更新的神话,回到远古时代通过君主或祭司的永恒再创造,使宇宙年年更新(尤其是不再经历大灾难!)的神话。尤其是企图赋予历史以宇宙层面上的价值,亦即将历史事件和大灾难视为真正的宇宙,大火或者解体,这大火或者解体必须周期性地让寰宇终结以便使之得到更新。历史中的战争、毁灭、历史的苦难不再是从某一个时代过渡到另一个"时代"的预兆,它们本身就构成了过渡。于是,在每一和平时期,历史都自我更新,一个新的世界的开始;总之(正如我们从围绕奥古斯都建构的神话中所看到的那样),君主重复了宇宙的创造。

我们以罗马为例,表明如何通过灵活运用前面一章考察过的神话赋予历史事件以价值。在运用某个特定的神话理论时(罗马的寿数、大年),大灾难不仅可以为当代人所忍受,而且在出现之后立即被赋予积极的价值。当然,奥古斯都开创的黄金时代,只是存在于其创造的拉丁文化之中。奥古斯都一死,历史即证明"黄金时代"乃为假象,人们又开始预期灾祸即将到来。当罗马被阿拉里克占领,罗慕洛的12只鹰的记号似乎又甚嚣尘上:罗马城正在进入它生存的第12个,也是最后一个世纪。直到圣奥古斯丁试图证明,谁也不知道上帝会在哪个时刻决定结束历史,无论如何,虽然诸城之寿限本质上都是有限的,"永恒之城"只有一座,那就是上帝之城,但是,任何星相的宿命不能决定一个国家的生死。因此,基督教思想倾向于一劳永逸地超越古老的永恒重复的主题,正如它揭示"信仰"作为宗教经验的重要价值与人格的重要价值,因而一劳永逸地超越了所有其他远古时代的观点。

注 释

[1] 亦可参见拙著《宗教史论》第 2 章第 53 页以下的例子。

[2] 我们再次强调,从反历史的民族或者阶级的观点来看,"苦难"等同于"历史"。甚至时至今日也可在欧洲的农业文明中看到这个等号。

［3］ 参见 Geo Widengren, *King and Soviour*, II(Uppsala, 1947)。

［4］ 参见 G. van der Leeuw, "Primordial Time and Final Time", *Man and Time*(New York and London, 1957), pp.324—350。

［5］ 要是没有宗教精英, 尤其是没有先知, 犹太教就会变得与犹太殖民地象岛(Elephantine)的宗教一样, 后者保留着直至公元前 5 世纪的巴勒斯坦民间宗教的观点; 参见 Albert Vincent, *La Religion des Judéo-Araméens d'Éléphantine*(Paris, 1937)。历史允许这些离散的希伯来人以一种方便法门, 形成宗教的融合, 除耶和华外, 还可以信仰其他各种神灵(如伯特利、哈拉姆伯特利, 以及亚述伯特利等), 甚至女神安娜特。这就再一次证明, 在犹太教的宗教经验发展, 以及持续的高度紧张关系下, 历史起到了重大作用。我们一定不会忘记, 先知与弥赛亚主义的体制, 首先是在同时代的历史压力之下形成的。

［6］ 犹太—基督教所谓的"信仰", 从结构方面看, 与其他远古时代的宗教经验非常不同, 指出这一点也许不无裨益。后者的真实性以及宗教上的有效性毋庸置疑, 因为它们建立在一种普遍验证的神圣辩证法的基础之上。但信仰的经验是由于一种新的神显、新的天启, 对于有关精英阶层而言, 此种天启排除了其他神显的有效性。关于这个问题, 参见拙著 *Traité d'histoire des religions*, ch.I。

［7］ 并不是说这些人(他们在社会结构中大部分以务农为生)没有宗教信仰; 只是说, 他们将"传统的"(即原型的)"意义"赋予了基督教的经验。

［8］ Hastings, *Encyclopaedia of Religion and Ethics*, I, pp.200ff.

［9］ 无疑, 就宇迦的天文方面而言, 不能排除在其形成过程中受到巴比伦占星术影响; 参见 Alfred Jeremias, *Handbuch der altorientalischen Geisteskultur*(2nd edn., Berlin-Leipzig, 1929), p.303。亦可参见 Emil Abegg, *Der Messiasglaube in Indien und Iran* (Berlin,

1928)，pp.8ff.；Isidor Scheftelowitz，*Die Zeit als Schicksalsgottheit in der indischen und iranischen Religion*(Stuttgart，1929)；D.R.Mankad，"Manvantara-Caturyuga Method"，*Annals of the Bhandarkar Oriental Research Institute*，XXIII，Silver Jubilee Volume(Poona，1942)，pp. 271—290；拙作"Time and Eternity in Indian Thought"，*Man and Time*，pp.173—200；另参见拙作 *Images and Symbols：Studies on Religious Symbolism*(English trans.，London and New York，1961)，ch.II。

[10] 参见 Asanga，*Mahāyāna-Samparigraha*，V，6；Louis de La Valkée-Poussin，*vijñaptimātratā siddhi*(Paris，1929)，pp.731—733。关于无量数的计算，参见 La Valkée-Poussin，*L'Abhidharmakośa*(Paris，1923—1926)，III，pp.188—189；IV，p.224，以及龙树的《大智度论》，Étienne Lamotte 的汉文转译 *Le Traité de la Grande Vertu de Sagesse de Nāgārjuna*，pt.1(Louvain，1944)，pp.247ff.。关于时间的哲学概念，参见 La Valkée-Poussin，"Documents d'Ahhidharma：la controverse du temps"，*Mélanges chinois et bouddhiques*，V(Brussels，1937)，pp.1—158；Stanislaw Schayer，*Contributions to the Problem of Time in Indian Philosophy*(Cracow，1938)。亦可参见 Mrs. Sinclair Stevenson，*The Heart of Jainism*(London，1915)，pp.272ff.。

[11] 参见拙著 *Yoga. Essai sur les Origines de la mystique in dienne*(Paris and Burcharest，1936)，pp.166ff.，以及 *Techniques du Yoga*(Paris，1948；English trans.，New York and London，1958)，ch.IV。

[12] 参见 Ettore Bignone，*Empedocle*(Turin，1916)，pp.548ff.。

[13] Dicaearchos，转引自 Porphyry，*Vita Pythagorae*，19。

[14] *Éos ou Platon et l'Orient*(Brnssels，1945)，考虑了 Boll，Bezold，W. Cundel，W.Jaeger，A.Götze，J.Stenzel 的研究，甚至还有 Reitzen-

stein 的解释,不过他们的某些观点曾遭到反对。

[15] Jérôme Carcopino, *Virgile et le mystère de la IVe églogue* (rev. and enl. ed., Paris, 1943), pp.72ff.; Franz Cumont, "La Fin du monde selon les mages occidentaux", *Revue de l'Histoire des Religions* (Paris, Jan.—June,1931), pp.89ff.

[16] Bidez, p.76.

[17] Ibid., p.83.

[18] 例如,Chrysippus, *Fragments*, 623—627。

[19] 最早可溯至芝诺;参见 Fragments 98 and 109(H.F.A. von Arnim, *Stoicorum veterum fragmenta*, I, Leipzig, 1921)。

[20] 参见 Cumont,前引书,pp.39ff.。

[21] 引自 James Darmesteter 的译文, *Le Zend-Avesta* (Paris, 1892)。

[22] 参见 Nyberg 的 "Questions de cosmogonie et de cosmologie mazdéennes", *Journal Asiatique* (Paris), CCXIV, CCXIX (1929, 1931)。亦可参见 Scheftelowitz,前引书;R.C.Zaehner, "Zurvanica", *Bulletin of the School of Oriental and African Studies* (London), IX (1937—1939), pp.303ff., 573ff., 871ff.; H. H. Schaeder, "Der iranische Zeitgott und sein Mythos", *Zeitschrift Deutschen Morgenländischen Gesellschaft* (Leipzig), XCV (1941), pp.268ff.; Henry Corbin, "Cyclical Time in Mazdaism and Ismailism", *Man and Time*, pp.121ff.。

[23] 参见 Gumont,前引书,pp.71ff.。

[24] 前引书, pp.41ff., 235。

[25] *Bundahišn*, ch.I(Nyberg, pp.214—215).

[26] 关于东方的、犹太—基督教的经历火的象征系统,C.M.Edsman 作了研究,参见 *Le Baptême de feu* (Uppsala, 1940)。

[27] 参见 Gumont, pp.68ff.。

［28］ Ibid., p.70，note 5.

［29］ Ibid., p.72.

［30］ Tents in ibid., note 1.

［31］ *Divinae Institutiones*，VII，17，9；Gumont，p.81.

［32］ 例如参见 *Testamentum Abrahami*，*Ethica Enochi*，等等。

［33］ 拉比文献中有关预告弥赛亚来临的宇宙记号，参见 Raphael Patai，*Man and Temple*(London，1947)，pp.203ff.。

［34］ Hastings，I，p.187.

［35］ Ivan Engnell，*Studies in Divine Kingship in the Ancient New East* (Uppsala，1943)，p. 43，p. 44，p. 68；Jeremais，*Handbuch*，pp.32ff.

［36］ *Odyssey*，XIX，pp.108ff.；*Hesiod*，*Erga*，pp.225—227；拙著 *Traité d'histoire des religions*，pp.224ff.；Patai，p.180(拉比文献)；Léon Wieger，*Histoire des croyances religieuses et des opinions philosophíques en Chine*(Hsien-hsien，1922)，p.64。

［37］ 在其他诸多自由外，基督教首先要求从占星术中获得自由："我们超越于命运之上"，塔提安(Tatian)在概括基督教教理的时候写道(*Oratio ad Graecos*，9)："日月为我们而创造；我如何可以礼拜我的仆人！"(ibid.，4)另见圣奥古斯丁《上帝之城》，XII，ch.X—XIII；关于圣巴西勒、奥利金、圣格列高利和圣奥古斯丁的思想，以及他们反对循环论的观点，参见 Pierre Duhem，*Le Système du monde*(Paris，1913—1917)，II，pp.446ff.，以及 Henri-Charles Puech，"Gnosis and Time"，*Man and Time*，pp.68ff.。

［38］ Jean Hubaux，*Les Grands Mythes de Rome*(Paris，1945)；Carcopino，前引书。

［39］ Lucan，*Pharsalia*，639，642—645；Carcopino，p.147.

［40］ Ibid., pp.52ff.

[41]　Lucan, *Pharsalia*, 639, 642—645; Carcopino, p.45.

[42]　"His ego nec metas rerum nec tempora pono: imperium sine fine dedi",参见 Hubaux, p.128ff.。

[43]　Carcopino, p.200.

第四章　"历史的恐怖"

"永恒回归"神话的残留

　　最后一章所提的问题超出了本书规定的范围，所以我们只能作一个扼要的论述。简言之，我们有必要将自觉、自愿地创造历史的"历史人"（即现代人），与我们所看见的对历史抱负面态度的传统文化的人，作一个比较。传统文化中的人周期性地消弭历史；不断为历史寻找一个超越历史的典范与原型而贬抑历史；赋予历史某种元历史的意义（循环论、末世意义等等），都拒绝赋予历史事件本身以任何价值；换言之，他不认为历史是其自身生存模式的一个特殊范畴。要对这两种类型的人进行比较，意味着要分析各种现代的"历史决定论"，这种分析确实有益，但它将会远离本研究的主题。但是，我们不得不稍微讨论一下何谓自觉自愿的历史人这个问题，因为现代世界目前还没有完全皈依"历史决定论"；我们甚至还见证了两种观点之间的冲突：一个是远古时代的观念，我们称之为原型的、非历史的观念；一个是现代的、后黑格尔主义的观念，它寻求某种历史的意义。我们再次仅限于考察问题的一个方

面,但这是相当重要的一个方面:历史决定论的观点究竟提供
了怎样的解决方案,可以使得现代人忍受当代历史与日俱增
的压力。

我们在前几章已充分阐述传统文化中的人忍受"历史"的
方式。读者应还记得:通过周期性地重复宇宙诞生和周期性
地令时间更新从而消弭历史,或者周期性地赋予历史事件以
一种元历史的意义——这种意义不但起到安慰人心的作用,
而且它是首尾连贯的,亦即符合一套说明宇宙与人的存在各
有其理由的缜密的体系——人们实现自我防卫,抗拒历史。
我们还必须补充一点,这种抗拒历史的传统观念,这种忍受历
史事件的方法,直到最近一直流行于世;它仍然在安慰着欧洲
的农业(=传统)社会,这些社会坚守非历史的立场,因而饱受
各种革命性的意识形态的猛烈攻击。在欧洲民间社会的基督
教从来没有成功地消弭(将历史人物转化成英雄模范、将历史
事件转化为神话范畴)范型论或循环论、星相论(根据这些理
论,历史有其合理的一面,历史的苦难具有末世论的意义)。
我们列举几个例子吧! 中世纪全盛期蛮族入侵者被等同于
《圣经》里的原型——歌革与玛各,因而具有了一种本体论的
地位和末世论的功能。几个世纪后,基督徒又将成吉思汗视
为命定实现以西结预言的新大卫。通过这种解释,在中世纪
历史地平线上出现的蛮族造成的苦难和灾祸得以被"忍受",
数千年之前古代东方也是以同样过程忍受恐怖历史。正是通
过对历史的大灾难作出如此解释,直到今天它仍然令千千万
万人能够忍受自己的生活,使他们能够继续从连绵不断的压
力中看出神意或是星相命运的记号。

如果我们转向另外一个传统的观念——亦即循环的时间，以及历史的周期性更新，不管它们是否包含"永恒重复"的神话——我们就发现，虽然最早期的基督教作家激烈反对它，它最终还是进入了基督教哲学里。我们必须记住，基督教认为时间是真实的，因为它有意义——即**救赎**。"人类从最初的**堕落**到最后的**救赎**，这个过程是一条直线。这个历史的意义是独一无二的，因为道成肉身是个独一无二的事实。实际上，正如《希伯来书》第9章与《彼得前书》第3章18节强调的，基督曾为我们的罪而死，而且仅此一次（hapax，ephapax，semel）；它不是一个可以多次（pollakis）重演的事件。所以，历史的发展由一独一无二的事实主宰并引导，这是一个唯一的事实。因此，人类以及我们每一个人的命运——在具体的、不可替代的时间，亦即历史与人生的时间内出演，而且只有一次。"[1]此种直线式的时间与历史概念，先由公元2世纪里昂的圣伊里奈乌（St. Irénée de Lyon）提出一个梗概，再由圣巴西勒与圣格列高利再度提及，最终由圣奥古斯丁详加阐述。

循环说及星相说对历史事件与人类命运的影响，虽然遭到正统教父的反对，但其他一些教父与教会作家至少部分接受了它，如亚历山大里亚的克雷芒、米诺西乌斯·腓力克斯、阿诺比乌，以及狄奥多莱等。这两种关于时间和历史的基本观念的论争持续到17世纪。我们甚至无法概述皮埃尔·杜恩和林恩·桑戴克开创、索罗金加以概括、完善的出类拔萃的分析。[2]但我必须提醒读者，在中世纪鼎盛时期，循环说与星相说开始支配历史思想和末世论的思考。这些在12世纪流行一时的理论[3]，在下一个世纪，尤其是开始翻译阿拉伯文著述后,更是得到系统的阐述。[4]越来越多的人试图在宇宙的和地理的诸要素之间寻找确切关联(循着托勒密于公元 2 世纪在其《四卷书》中指出的方向)。大阿尔伯特、圣托马斯、罗吉尔·培根、但丁(《飨宴》II,第 14 章)以及其他许多人都相信:世界历史的循环和周期性受到星座的影响的主宰,不管这种影响究竟是服从神意,是神在历史中的工具,还是被视为宇宙内部的一种力量[5],越来越多的人开始相信后面这种假设。总之,用索罗金的话说,中世纪以末世论观念为主(该观念以两个根本的时刻为主:世界之创造以及世界之终结),以解释事件周期性回归的循环起伏的理论为辅。这双重教义一直主宰着直到 17 世纪的西方思想界,虽然同时历史的直线型发展的学说也开始兴起。在中世纪,这个理论的种子见于大阿尔伯特与圣托马斯的著述;不过,随着弗洛里斯的约雅敬的《永恒福音》一书问世,这个理论才得到了系统阐述,它成为蔚为大观的历史末世论里不可或缺的一个要素,堪称自圣奥古斯丁以来,在这个领域里对基督教的最大贡献。弗洛里斯的约雅敬将世界史分成三大时期,它们相继受到三位一体的圣父、圣子、圣灵的不同位格的启示和主宰。这位卡拉布里亚修道院院长认为,每一个时期都在历史上揭示了神性的一个新的维度,因此人类可以不断进步,臻于完美,在最后一个阶段——即圣灵启示的阶段——实现绝对的精神自由。[6]

　　但是,正如我们所言,当时赢得众多拥趸的潮流乃是循环论的实在化。和卷帙浩繁的星相学论文相提并论的,还有科学的天文学思想。因此,在第谷·布拉赫、开普勒、卡尔达诺、乔丹诺·布鲁诺或康帕内拉的理论中,循环的意识形态与例如弗朗西斯·培根或帕斯卡主张的新兴的直线进步的观念并存。17世纪以来,历史的直线发展与进步论的观念越来越盛行,诞生了一种对无限进步的信仰,这种信仰由莱布尼兹首倡,在"启蒙主义"时期达到顶峰;到了19世纪,由于进化论观念之胜利而风靡一时。直到20世纪我们才看到,对此种历史直线发展的某种抵制,以及某些循环理论的复活。[7]在政治经济学里,循环、波动、周期的振幅等概念再度兴起;在哲学里,永恒回归的神话在尼采思想中得到复活;在历史哲学里,则有斯宾格勒与汤因比投身于周期性问题的研究。[8]

关于此种循环观念的复兴,索罗金正确地提出[9],目前关于宇宙之死的各种理论并未排斥宇宙重新创造的假设,这多少和希腊—东方思想中的**"大年"**,或印度思想里的宇迦循环(参见上文113页以下)在形式上相仿。大体可以说,正是在现代的循环理论里,永恒重复的神话的意义才充分展现出来。中世纪的循环理论只是将它们置于宇宙的节律与星宿的命运里面,以此阐明历史事件的周期性。它们由此肯定了历史事件是重复的,即使并不认为它可以无限地延续下去。进而言之:历史事件因为依赖于循环和星宿的处境,它们就变得可以理解,甚至可以预期,因为它们获得了一种超越的范本;当代历史上所引发的战争、饥荒和不幸至多只是在重复一个原型,而这个原型又由那体现了神意的星宿和天界规范所决定。正如在远古时代后期,永恒回归神话的这些新的表述主要得到了知识精英的赞赏,尤其能安慰那些直接饱受历史压力之苦的大众。无论古今,农民群体对循环论与星相说都没有什么兴趣,他们的慰藉与支持来自原型和重复的观念,这个他们

"生活"其中的观念,不是基于宇宙与星宿的层面,而是基于神话—历史的层面(例如,根据我们在前文所界定的辩证法,将历史人物转化为范式性的英雄,将历史事件转化成神话范畴,等等)。

历史决定论的困境

循环理论在当代再度兴起意味非凡。我们殊难判断它们的有效性,只是想指出,一种古代神话,以现代术语的方式加以表述,至少透露了一种愿望,就是要为历史事件找到意义和超历史的理由。于是我们现在又再度置身于前黑格尔的立场了,从这个立场上看,自黑格尔至马克思的"历史决定论"的解决方案,无疑都是成问题的。自黑格尔以降,学术界付出了种种努力以保全历史事件自身的价值、赋予历史事件以价值,也就是对历史本身和为其本身而赋予价值。黑格尔在研究德国宪法时曾写道:我们如果承认事物本身必然是它们所是的那样,亦即它们不是任意的或偶然的结果,我们就要同时承认,它们必须就是它们所是的那样。一个世纪以后,历史必然性的概念越来越成功地应用于实际:事实上,历史上的一切残酷、悖谬以及悲剧,都以"重大历史时刻"的必然性来解释,至今仍然如此。也许黑格尔没想走得如此之远。但他下定决心和他自己所处的重大历史时刻相妥协,他就不得不从每一个事件中看到世界精神的意志。因此他说"阅读晨报就是清晨一种最实际的晨祷"。在他看来,每天与事件接触,可以引导人们与上帝和世界保持联系。

黑格尔如何知道什么是历史必然性呢，因而，什么事物必定完全如其已经发生的那样发生呢？黑格尔相信他知道世界精神想要什么。我们无意强调这个命题的大胆，因为它事实上一笔勾销了黑格尔想要在历史中保全的东西——人的自由。但是黑格尔历史哲学有一个方面令我们深感兴趣，因为它还是保留了某些犹太—基督教概念：黑格尔认为，历史事件就是绝对精神的表现。这样，我们就可以看出，在黑格尔的历史哲学与希伯来先知的历史神学之间，有着某种并行不悖之处：对于后者而言，一如对黑格尔而言，事件是不可逆的、正当的，因为它为上帝意志的新展示——我们应当记住，从受到永恒重复原型的观念主宰的传统社会来看，这个命题确实是"革命性的"。于是，在黑格尔看来，一个民族的命运依然保留着超历史的意义，因为一切历史都是**世界精神**的一次新的、更趋完美的表现。但是，到了马克思这里，历史便抛掉了超越的意义；历史不过是阶级斗争的显现。这样一种理论在多大程度能够解释历史的苦难呢？为了回答这个问题，我们只以别林斯基或陀思妥耶夫斯基为例，看看他们是如何做出悲情的反抗即可，他们反思道：从黑格尔与马克思辩证法的观点出发，我们是否可能解释充斥于世界历史的压迫、集体苦难、流离失所、羞辱和屠杀。

马克思主义至少为历史保留了一种意义。在马克思主义看来，历史事件不是一连串任意的意外；它们展现出一种具有内在相互联系的结构，而且，尤其重要的是，它们趋向于一个明确的终点——最终消灭历史的恐怖，亦即"解放"。马克思主义历史哲学的终点就在于远古时代末世论所说的黄金时代。就此意义而言，我们不但可以说马克思"将黑格尔的哲学拉回人间"，还可以说他从一种独一无二的人类层次上，重新确认了原始民族黄金时代神话的价值，不同之处在于他将黄金时代仅仅置于历史的终点而不是同样置于开端。在这里，好战的马克思主义者认为，救治历史之恐怖的秘密就在于此：正如"黑暗时代"的人面对与日俱增的苦难，他们会想，邪恶深重将加速最后的解放，以此自我安慰，同样，我们时代好战的马克思主义者也将历史压力引发的剧变视为一种必要的恶，预示着他们扫除一切历史"邪恶"的胜利即将到来。

　　在各种历史决定论哲学提供的观点看来，"历史的恐怖"变得越来越难以忍受了。当然，它们认为每个历史事件在其实现的过程中都有其充分的而且是唯一的意义。在这里，我们无需深入探讨历史决定论的理论难题，这些难题曾深深困扰李凯尔特、特勒尔奇、狄尔泰以及齐美尔，最近克罗齐、卡尔·曼海姆或奥特加·伊·加塞特想努力克服这些难题，但也只是部分做到而已。[10] 本书不要求我们讨论历史决定论本身的哲学价值，也不想讨论建立一套明确超越相对主义之上的"历史哲学"。狄尔泰 70 岁时承认"人类一切观念皆是相对的，这就是世界历史观的结论"。他曾主张一种"普遍的生活体验(*allgemeine Lebenserfahrung*)"作为超越这种相对性的最后手段，但并不奏效。迈内克[11] 主张"良心的检验"，视之为能超越历史生活的相对性的超主观经验，一样也是徒劳无功。海德格尔不厌其烦地证明，人类存在的历史性泯灭了一切对于超越时间的历史的希望。

　　就我们的研究而言，我们只关注一个问题：历史决定论的观点如何忍受"历史的恐怖"？解释一个历史事件，只是因为它是一个历史事件，换言之，因为它那样发生了，这并不能使人摆脱这个事件所引发的恐惧。我们应当知道，在这里我们所关注的并不是恶的问题，无论从什么角度看，"恶"的问题仍旧是个哲学和宗教问题；在这里，我们所关注的是历史之所以为历史的问题，它不是与人的自身处境相关联，而是与他对待别人的行为相关联的"恶"的问题。例如，我们想知道，许多民族只是因为他们的地理位置恰好处在历史要道上，只是因为他们与不断扩张的帝国毗邻，所以就得遭受苦难与覆灭的结果。对此我们如何能够忍受并加以解释呢？例如，东南欧洲只是因为恰好坐落在亚洲入侵者经过的道路上，后来又恰好与奥斯曼帝国毗邻，所以受苦受难好几个世纪——甚至必须放弃争取更好的历史环境，放弃一切在普遍层面上的精神创造的冲动，对此我们有何解释？在我们的时代，历史的压力令人无处逃遁，人类又如何能够忍受历史的种种灾难与恐怖——从集体流放到大屠杀到原子弹爆炸——如果除此之外，他看不到有何记号、任何超越历史的意义；如果它们只是经济、社会、政治力量的盲目作用，或者更加糟糕，只是少数人的"自由"，在世界历史的舞台上造成的后果而已？

我们知道，在过去，人类能够忍受我们现在遭受的苦难：它们或被视为上帝所施加的惩罚，或"时代"衰亡的诸多症候，等等。那些苦难之所以能被接受，正是因为它们有一种元历史的意义，也正是因为大部分人仍然坚持这样一种传统的观念，历史没有，也不可能有其自身的价值。每一位英雄都是重复原型的行为，每一场战争都是重演善恶之争，每一种新的社会不公正都是救世主的受难（在前基督教世界，则都是神之信使或植物神的受难），每一场新的屠杀都是重复殉教者荣耀的最终结果。在此我们无需判断这样的动机是否幼稚，这样拒绝历史是否总是有效的。在我们看来，只有一个事实是重要的：由于这种看法，千百万人在一世纪又一世纪的岁月里，能忍受历史的巨大压力，没有绝望，没有自杀，没有陷入历史相对主义或虚无主义所导致的精神萎靡。

此外，正如我们已经看到，直至今日，在欧洲，更不要说在其他大陆，还有相当数量的民众仍然坚守着传统的、反"历史决定论"的观点。由此看来，面临问题的主要还是"精英阶层"，因为他们被迫而且日益热情地认识到自己的历史处境。基督教和末世论的历史哲学大体上还可满足这些精英。在某种程度上，对某些个体而言，马克思主义——尤其普通的马克思主义——代表一种对历史恐怖的反抗。只有各种形形色色的历史决定论——从尼采的"命运"到海德格尔的"时间性"——还在孤军奋战。[12]在这种哲学里，绝望、爱之命运（amor fati）、悲观竟然被升华到英雄美德和认知工具的地位，这绝不是偶然的巧合。

这种立场虽然是最现代的，是在某种意义上几乎所有将人界定为一种"历史的存在"的思想家都无可避免的，但它尚未彻底征服当代思想。我们在前文指出，最近有一些动向，重新赋予周期性循环的神话，甚至永恒回归的神话以价值。这种动向不仅漠视历史决定论，甚至无视历史本身。我们有理由相信，它并非抗拒历史、反抗历史的时间，而是将这种负载着人类经验的历史重新放置到宇宙的、循环的和无限的时间之中。无论如何,我们注意到当代两位最重要的作家——艾略特和乔伊斯,他们的作品对永恒回归,亦即对消弭时间充满着乡愁。我们还有理由预见:随着历史的恐怖日趋严重,随着存在因为历史而日趋危险,历史决定论的立场势必逐渐失去它的声望。当历史能做出**宇宙**、人类、偶然性都做不到的事——亦即将人类彻底毁灭——的时候,也许我们正在亲历人类不遗余力地尝试在原型及其重复的视野(人为的,因为是人的指令)内将人类社会重新整合起来,从而阻止"历史事件"。换言之,我们未尝不可以设想一个时代,一个不很遥远的时代,人类为确保生存而停止进一步"制造"历史——不再像创造最初几个帝国那样制造历史,只是规定自己重复已设定的原型行为,并且可以忘却任何可能造成"历史"后果的自发行为,因为这种行为毫无意义、极度危险。将这种未来社会的反历史的解决方案,与天堂的或者末世论的神话世界开端或者终结的**黄金时代**开展比较,一定是非常有趣的。不过,对此我们先记在心里,另选时机讨论,现在还是回头来看我们遇到的问题:考察一下历史的人与古代的人的关系,尝试了解一下根据历史决定论的观点,到底能够提出什么不利于后者的反对意见。

自 由 和 历 史

现代人拒绝周期性的概念,因而最终也是拒绝原型和重复的远古时代的概念,我们相信,可以有充分的理由说,这种拒绝显示了现代人对自然的抗拒,以及"历史人"想要承认其自主性。黑格尔信心十足地指出，大自然从不发生任何新鲜事。古代文明中的人与现代"历史"人之间最重大的差异在于，后者赋予历史事件即"新生事物"越来越高的价值，而传统的人则认为，新生事物所代表的，不是毫无意义的巧合，就是对规范的违逆（因而是"过失"、"罪"等等），所以必须定期驱除（消弭）。采取历史观点的人可以说，传统的原型与重复概念荒谬地混淆了历史（亦即"自由"与"新生事物"）与大自然（其中任何事物都是自我重复）。在现代人看来，原型本身就构成一种"历史"，因它们是由行为、活动与指令组成的，尽管它们在彼时显现，那也是在时间中诞生，在时间中"发生"，和其他任何历史事件没有什么两样。原始人的神话时常提到神或英雄的诞生、活动与消失，他们开启"文明"的行为，从此之后就无限地被重复。这就是说，古人也知道历史，只不过那是一种太初的、置于神话时间里的历史。所以，古人拒绝历史，拒绝置身于具体的、历史的时间，这是一种早熟的倦怠的表现，一种畏惧运动与自发性的表现；总之，一方面接受历史环境及其风险，一方面将自然的模式与历史的模式相混淆，置身于此种处境的原始人选择了后者。

　　古人如此绝对地固守原型与反复，现代人有理由断定，原始人对自己首次表现出来的自发的、富有创造性的自由行为感到惊奇、尊敬，因而要无限地重复，不仅如此，他们对那些刚刚脱离动物天堂（即**大自然**）的人，有一种罪恶感，这种罪恶感迫使他们将少数几项原本预示了自由之曙光的太初的、富有创造性的、自发的行为，再次等同于大自然的永恒的重复。现代人还可以继续批判，从古人面对任何没有原型的行为时的此种恐惧、犹豫或倦怠中,解读出大自然的平衡和静止倾向;现代人还可以从任何**生命**的勃发之后不幸地急转直下中,甚至从人类理性通过知识统一实在的需要中解读出这种倾向。总而言之,那些接受历史或表示接受历史的现代人,指责远古时代的人,禁锢于原型与重复的神话视野里,缺乏创造力,换言之,古人没有能力接受每一种创造行为的连带风险。现代人之所以有创造力,因为他是历史的;换言之,除了以自己的自由作为创造的来源以外,他并无任何其他创造可言;因而,他只有通过创造自己来创造他历史的自由,除此之外,他做不了任何事情。

对于现代人提出的这些批评,传统文明中的人可以提出反批评,远古时代的观念同时也可说是对古代存在方式的守护。他可以说,现代人是否能够创造历史,实在愈来愈可疑了。其实恰恰相反,人变得越现代[13]——亦即不能抵御历史的恐怖——就越是没有机会创造历史。因为历史或者自我创造(就好比过去,数百年甚至数千年前的行为种下的种子终于结果;我们可举农业或冶金术的发现、18世纪的工业革命等为例),要么倾向于由越来越少数的人创造,他们不仅禁止同时代的大众直接或间接干涉他们创造的历史(或者这一小撮人所创造的历史),他们还动用各种手段,迫使每个人都孤寂地忍受此种历史带来的后果,也就是直接地、持续地生活在历史的恐怖之下。现代人炫耀创造历史的自由,这自由对几乎所有人而言都只是幻觉而已。人类充其量剩下的自由,只是在两种立场中作个选择:(1)反对这一小撮人创造的历史(他有选择自杀或流放的自由);(2)托庇于一种亚人的生存或逃亡。在早期现代,"历史"存在所蕴涵的"自由"还是有可能达到的——即使还局限在某些范围里面,但是,随着这个时代变得越来越历史化,也就是越来越疏离超历史的范本,它就变得越来越难以企及了。例如,自然地,马克思主义与法西斯主义必定导致形成两种类型的历史存在:领袖(唯一真正"自由的"人)与追随者,在领袖的历史存在中,追随者发现的不是一个他们自己存在的原型,而是准许他们采取临时行动的立法者。

因此,对于传统人而言,现代人既不是自由的存在,也不是历史的创造者的类型。相反,古代文明中的人类为他们的生存模式而自豪,这种模式使他获得自由并且有所创造。他可以自由地不再成为过去所是的那样,自由地以周期性地消弭时间与集体的更新,消弭自己的"历史"。这种对待其自己的"历史"——这种历史,对现代人而言不但不可逆转,而且构成人的存在——的自由,一心要成为历史存在的人是不可能拥有的。我们知道,远古时代的、传统的社会给人自由,让他每年开始一个新的、"纯粹"的存在,其中充满全新的可能性。从中看不到一丁点儿模仿大自然的问题,即使大自然也会经历周期性的更新、每年春天的"重新开始"、每个春天它都恢复其完整的力量。实际上,自然重复自身,每一季新春都是同样的一成不变的春天(亦即重复世界的创造),然而,远古时代的人类在周期性消弭时间和恢复全部的美德之后所得到的"纯粹性",可以使他在踏入"新生活"的门槛之际,得到一种在永恒中的持续存在,因而也是明确地,在此时此地,消弭了世俗的时间。每年春天大自然的整体的"可能性",以及古人踏入新年门槛之际的"可能性",因而并非同一回事。自然只恢复自己,而古人类则恢复了明确地超越时间以及生活在永恒之中的可能性。要是他未能做到这点,要是他犯了"罪",亦即陷入历史的存在,陷入时间之中,他每年就会扼杀这可能性。但至少他保有消弭他的过失,清除自己"在历史中堕落"的记忆,再一次尝试明确地从时间中逃脱出来的"自由"。[14]

此外,远古时代的人类当然有理由认为自己比现代人还要有创造性,后者只认为自己在历史方面具有创造性。而远古时代的人类年年参与宇宙诞生——这可是绝对的创造行为。我们甚至还可以说,在相当长的时间里面,人类的"创造力"体现在宇宙层面上,模仿周期性的宇宙诞生(他也在生命的各种层面重复之),并参与其间。[15]我们还应当记住,东方哲学及其修炼方式(尤其是印度人的)也含有"创造论"因素,因而在同样的传统范畴里拥有一席之地。东方虽然也从某种"存在主义"出发(即忍受任何可能存在的宇宙都处在受苦的境地),但它坚决否认这种存在在本体论上是不可化约的观念。东方不承认人的命运是最终的,不可移易的。东方的修炼方式,首先就是要破除或超越人的因缘。从这个方面来看,可以说它不仅有(在积极意义上的)自由或(在消极意义上的)解脱,实际上还更有创造性;因为其中所创造的是一种新人,是在高于人类的层面创造他自己,是一个人—神,这是历史的人从来不敢梦想的创造。

绝 望 或 信 仰

无论如何,我们关于远古之人与现代人之间的对话,并没有涉及我们的问题。不管历史人的自由和创造的真实性如何，可以肯定的是，没有任何一派历史决定论哲学能确保历史的人免于历史的恐怖。我们甚至可以想象最后一种尝试：为了保全历史，建立历史的本体论，我们将事件视为一系列"处境"，人类精神凭借这些处境，可以获得实在的各层面的知识，舍此就无法得到这些知识。这种证明历史的有效性确实有些意思[16]，我们希望择日对此主题作个讨论。但是，此时此刻我们可以看到，这样的立场至少预设了**世界精神**的存在，因而为历史的恐怖提供了一个隐蔽所。千百万人受苦受难，只是启示我们人类生存状况是有限的，而在这有限性之外，却什么也没有，我们知道了这些，究竟还有什么可以安慰的呢？在这里，问题不是要判断一种历史决定论哲学是否有效，而是要判断这样一种哲学究竟在怎样一种程度上能够解除历史的恐怖。我们要是想为历史悲剧辩解，却又只将其视为人类借此能够知道自己的抵抗是有限度的工具，那么，这样的辩解决不能减少历史的恐怖的折磨。

　　基本说来，除非我们接受一种不排除上帝的自由哲学，否则，我们不可能超越原型与重复的视野。实际上，犹太─基督教将一种新的范畴引进宗教经验：信仰的范畴，这恰恰证明了我们的观点的正确。我们不要忘记，如果亚伯拉罕的信仰可以定义为：对上帝而言，凡事皆有可能。那么在基督教的信仰则意味着：对人而言，凡事皆有可能。"……你们当信服上帝，我实在告诉你们，无论何人对这座山说：'你挪开此地，投在海里'。他若心里不疑惑，只信他所说的必成，就必给他成了。所以我告诉你们：凡你们祷告祈求的，无论是什么，只要信是得着的,就必得着。"《马可福音》11:22—24)[17] 这种以及其他许多语境下的信仰,意味着从任何种类的自然"律"中的彻底解放,也是人类所能想象的最高自由:甚至可以自由地干预宇宙的本体。所以,它是一种极富创造性的自由。换言之,它构成了人类参与创造世界的一种新形式——乃是自从传统的原型和重复被超越以来的第一种,也是唯一的一种形式。只有这样一种自由(还有它的救世论价值,也就是严格意义上的宗教价值)才能保护现代人免于历史的恐怖——也就是说,这种自由来源于上帝、得到上帝的保证与支持。其他任何现代人的自由,不管如何能满足拥有者,都没有力量证明历史的合理性;对任何一个对自己忠实的人而言,这种现代人的自由就是历史的恐怖。

我们还可以进一步说,基督教是现代人和历史人的"宗教",同时发现了个人自由和连续性时间(取代循环性时间)的人的"宗教"。有趣的是,我们发现现代人对上帝的存在有着更加迫切的需要,因为在现代人看来,历史就是历史,不能重复,他们不像远古时代和传统文化中的人类,可以运用本书所述种种神话、仪式与习俗抗拒历史的恐怖。此外,虽然上帝的观念及其所蕴含的宗教经验自遥远的时代起就已经存在,但是它们却经常被其他能够更加及时地回应"原始人"的宗教需要的宗教"形式"(如图腾崇拜、祖宗崇拜、丰产的**大女神**,等等)取代。在原型与重复的领域中,历史的恐怖一旦出现,就可以从这些宗教形式中得到支持。自从"发明"了犹太—基督教的意义上的"信仰"(=对上帝而言,一切皆有可能)之后,那些离开了原型与重复的领域的人,除了通过上帝的观念,就再也不能抵抗这种恐怖了。事实上,正由于预设了上帝的存在,一方面他获得了自由(这自由使他在一个由规律主宰的宇宙里拥有了自主性,或者,换个说法,"开启"宇宙里一种全新的、独特的存在模式),另一方面,他获得了一种确信,即历史悲剧有种超历史的意义,即使这种意义并非目前条件下的人类所能看见。任何其他现代人最终都会导致绝望。这绝望并非来自人类自身的存在,而是来自他所存在的一个历史的宇宙,在这个宇宙里,几乎整个人类都生活在不间断的恐怖之中(即使不是总能够意识得到)。

就此而言,基督教无可争议地成为一种"堕落者"的宗教:只要现代人无可救药地认同历史和进步;只要历史与进步是一种堕落,这都意味着他们彻底抛弃原型与重复的天堂。

注　释

[1]　Henri-Charles Puech, "Gnosis and Time", *Man and Time* (New York and London, 1957), pp.70 ff.;同一作者, "Temps, histoire et mythe dans le christianisme des premiers siècles", *Proceedings of the VIIth Congress for the History of Retigion* (Amsterdam, 1951), pp.33—52。

[2]　Pierre Duhem, *Le Système du monde* (Paris, 1913—1917); Lynn Thorndike, *A History of Magic and Experimental Science* (New York, 1929—1941); Pitirim A.Sorokin, *Social and Cultural Dynamics*, II(New York, 1937—1941).

[3]　Thurndike, I, pp.455 ff.; Sorokin, p.371.

[4]　Duhem, V, pp.223 ff.

[5] Ibid., pp.225ff.；Thorndike，II，pp.267ff.，416ff.，etc.；Sorokin，p.371.

[6] 弗洛里斯的约雅敬的先知—末世论沉思，虽曾启发并且丰富了阿西西的圣方济各、但丁、萨伏那罗拉的思想，却迅速归于沉寂，这实在是西方世界的悲剧，这位卡拉布里亚的修士至今只留下一个可与大量匿名作品挂钩的姓名。后来的宗教改革与文艺复兴的意识形态再度宣布精神自由的内在性，主张此种自由不但关系到教义，也关系到社会（约雅敬认为神或历史的辩证法都需要这种自由），但是它们用了全然不同的术语，在灵性问题上也存在不同的观点。

[7] Sorokin，pp.379ff.

[8] 参见 A.Rey，*Le Retour éternel et la philosophie de la physique*（Paris，1927）；Pitirim A.Sorokin，*Contemporary Sociological Theroies*（New York，1928），728—741；Arnold J.Toynbee，*A Study of History*，III（London，1934）；Ellsworth Huntington，*Mainsprings of Civili-zation*（New York，1945），尤其是 pp.453ff.；Jean Claude Antoine，"L'éternel Recour de l'histoire deviendra-t-il objet de science?"，载于 *Crizique*（Paris），XXVII（Aug.，1948），pp.723ff.。

[9] Sorokin，p.383，note 80.

[10] 我们首先要说，历史主义（historism）或历史决定论（historicism）的术语涵盖了许多不同的甚至相对立的哲学思潮和取向。只要提到 20 世纪上半叶的狄尔泰的"活力论"的相对主义、克罗齐的历史主义（*storicismo*）、金蒂莱的现实主义（*attualismo*），以及奥尔特加的"历史理性"等，就足以认识到，当时对历史所作的哲学评价如何多姿多彩。关于克罗齐当前的立场，参见他的文章，"La storia come pensiero e come azione"，*Critica*（Bari），1937，或参见第 7 修订版，1965。亦可参见 J.Ortega y Gasset，*Historia como*

sistema(Madrid, 1941); Karl Mannheim, *Ideology and Utopia* (Louis Wirth、Edward Shils 译,New York, 1936)。关于历史的 问题,亦可参见 Pedro Lain Entralgo, *Medicina e hisroria*(Madrid, 1941);以及 Karl Löwith, *Meaning in History*(Chicago, 1949)。

[11] 即弗里德里希·迈内克(Fredrich Meineck, 1862—1954),德国历 史学家,"普鲁士学派"的代表人物,著有《历史决定论,一种新历 史观的兴起》。——译者识

[12] 我们冒昧地强调一点,首创并坚持"历史决定论"的思想家,首先 来自那些几乎从未经历连绵的历史恐怖的国家。如果他们的国 家深陷"历史的宿命",他们也许会采取其他的观点。不管怎样, 某种理论主张每一件事情发生了都是"好事",只是因为它发生 了,我们倒是很想知道,波罗的海诸国、巴尔干地区或者殖民地国 家的思想家会不会毫无忐忑地接受这样的观点。

[13] 我们很容易澄清,在这样的语境下,"现代人"本身就是彻底坚持 唯一具有历史性的人类,亦即他首先是历史决定论的、马克思主 义的以及存在主义的"人"。毋庸多言,并不是所有当代人都认为 自己属于这种类型。

[14] 关于这个问题,参见拙著 *Traité d'histoire des religions*, pp.340ff.。

[15] 更不必说"巫术创造"的可能性了,它们真真确确存在于传统 社会。

[16] 只有通过这样的推论,我们才可以建立一门不至于导致相对主 义或怀疑论的知识社会学。经济、社会、民族、文化的"影响",固 然会对(卡尔·曼海姆所说的)"意识形态"产生作用,可是绝对不 能消弭后者的客观价值,就好比发高烧、醉酒会激发诗人的诗歌 创造性,并不会使诗歌创作的价值因此受损一样。相反,所有这 些社会、经济以及其他的作用为精神世界提供了一种新视角而 已。但这绝不是说,知识社会学,亦即对意识形态的社会制约的

研究,只要肯定精神的自主性,就可以避免陷入相对主义——如果我们理解正确的话,就是卡尔·曼海姆本人也不敢肯定。

[17] 此种肯定的话不应只是因为暗示奇迹的可能性,所以要得意地将其弃于一旁。如果说自基督教出现以后奇迹极为罕见,要责备的不是基督教而是基督徒。

参 考 书 目

注：关于 Śatapatha Brāhmana、Upaniṣads 等经典，参见 The Sacred Books of the East（F.Max Müller，ed.，Oxford，1879—1910）。关于 Bible，参见 King James Version。关于 The Apocrypha and Pseudepigrapha of the Old Festament in English，参见《英译本〈旧约〉次经和伪经》（R.H.Charles，ed.，Oxford，1913）。书名前加 * 号者，参见第 154 页附录。

Abecc，Emil. *Der Messiasglaube in Indien und Iran*. Berlin，1928.

Al-Birūnī，See Birūnī，Muhammad Ibn Ahmad al-.

Albright，William Foxwell. "The Mouth of the Rivers," *The American Journal of Semitic Languages and Literatures*（Chicago），XXXV（1919），161—195.

Antoine，Jean Claude. "L'Éternel Retour de l'histoire deviendrat-il objet de science?" *Critique*（Paris），XXVII（Aug.，1948），723ff.

Arnim，H.F.A. von. *Stoiarum veterum fragmenita*. Leipzig，1903—1924. 4 vols.

Autran，Charles. *L'Epopée indoue*. Paris，1946.

Bidez，Joseph. *Éos，ou Platon et l'Orient*. Brussels，1945.

Bignone，Ettore. *Emipedocle*. Turin，1916.

Birūnī, Muhammad ibn Ahmad al. *The Chronology of Ancient Nations*. Trans. C. Eeward Sachau. London, 1879.

Bleichsteiner, Robert. *L'Église jaune*. [Frerich trans.] Paris, 1937.

Bousset, Wilhelm. *Der Antichrist in der Überlieferung des Judentums*, *des Neuen Testaments und der alten Kirche*. Gottingen, 1895.

Briem, Efraim. *Les Sociétés secrètes des mystères*. Trans. from the Swedish by E. Guerre. Paris, 1941.

Budge, Sir E.A.Walus(tr.). *The Book of the Cave of Treasures*. Trans. from the Syriac. London, 1927.

Burrows, E. "Some Cosmological Pattems in Babylonian Religion," *The Labyrinth*, ed. S.H.Hooke(London, 1935), p.4, pp.5—70.

Callaway, Henry. *The Religious System of the Amazulu*. London, 1869.

Caraman, Petru. "Geneza balade istorice," *Annarul Arhivei de Folklor* (Bucnarest), I—II(1933—1934).

Carcopino, Jérome. *Virgile et le mystere de la IVe églogue*. Rev. and enl. edn., Paris, 1943.

Chadwick, H.Munro and N.K. *The Growth of Literature*. Cambridge, 1932—1940. 3 vols.

Charles, Robert Henry(ed.). *The Apocrypha and Pscudepigrapha of the Old Testament in English*. Oxford, 1913. 2 vols.

Chase, Drummond Percy. *The Ethics of Aristotle*. London, 1934.

Chiera, Edward. *Sumerian Religious Texts*. Upland, 1924.

Christensen, Arthur. *Les Types du Premier homme et du premier roi dans l'histoire légendaire des Iraniens*. Stockholm, 1917. 2 vols.

Coomaraswamy, Ananda K. *The Rg Veda as Land-náma-bók*. London, 1935.

———. *The Darker Sidc of Dawn*. Washington, 1935.

———. "Vedic Exemplarism," *Harvard Journal of Asiatic Studies*, I (1936), 44—64.

———. "The Philosophy of Mediaeval and Oriental Art," *Zalmoxis* (Paris and Bucharest), I(1938), 20—49.

———. "Sir Gawain and the Green Knight: Indra and Namuci," *Speculum* (Cambridge, Mass.), Jan., 1944, pp.1—23.

———. *Figures of Speech or Figures of Thought*. London, 1946.

* Corbin, Henry. "Le Temps cyclique dans le mazdéisme et dans l'ismadisme," *Eranos-Jahrbuch*, XX(Zurich, 1951), pp.149—217.

Croce, Benedetto. *La storia come pensiero e come azione*, Bari, 1938; 7th rev. edn., Bari, 1965.

Cumont, Franz. "La Fin du monde selon les mages occidentaux," *Revue de l'histoire des Religions* (Paris), Jan.—June, 1931.

Daehnhardt, Oskar. *Natursagen*. Leipzig, 1907—1912. 4 vols.

Damesteter, James(trans.). *Le Zend-Avesta*. Paris, 1892—1893. 3 vols.

Delatte, Armand. *Herbarius*. 2nd edn., Liege, 1938.

Dombart, Theodor. *Der Sakralturm*. Pt. I: *Zikkurral*. Munich, 1920.

Drower, E. S. (E. S. Stevens). *The Mandaeans of Iraq and Iran*. Oxford, 1937.

Duhem, Pierre. *Le Système du monde*. Paris, 1913—1917. 5 vols.

Dumézil, Georges. *Le Problème des centaures*. Paris, lgog.

———. *Ouranós-Váruṇa*.Paris, 1934.

———. *Mythes et dieux des Germains*. Paris, 1959.

———. *Horace et les Curiaces*. Paris, 1942.

Edsman, C.M. *Le Baptême de feu*. Uppsala, 1940.

Eliade, Mircea. *Yoga*. *Essai sur les orzgines de la mystique indienne*. Paris and Bucharest, 1936.

——. *Cosmologie și alchime babiloniană*. Bucharest, 1937.

——. *Comentarii la legenda Meșterului Manole*. Bucharest, 1943.

——. La Mandragore et le mythe de la "naissance miraculeuse," *Zalmoxis* (Paris and Bucharest), III(1943), 1—52.

——. *Techniques du Yoga*. Paris, 1948.

——. *Traité d'histoire des religions*. Paris, 1949.

——. "Le Temps et l'éternité dans la pensée indienne," *Eranos-Jahrbuch*, XX(Zurich, 1951), pp.219—252.

——. *Le Chamanisme des techniques archaïques de l'extase*. Paris, 1951.

——. *Images et symboles*. Paris, 1952.

Encnell, Ivan. *Studies in Divine Kingship in the Ancient Near East*. Uppsala, 1943.

Foy, Willy. "Indische Kultbauten als Symbole des Götterbergs," *Festschrift Ernst Windisch zum siebtigsten Geburtstag… dargebracht* (Leipzig, 1914), pp.213—216.

Frankfort, Henry. "Gods and Mythe in Sargonid Seals," *Iraq* (London), I(1934), 2—29.

Frazer, Sir James George. *Folklore in Old Testament*. London, 1918. 3 vols.

——. *The Golden Bough*. 3rd edn., London, 1907—1915. 12 vols. Especially Part IV: *Adonis, Ailttis, Osiris*, and Part VI: *The Scapegoat*.

Funlani, Giuseppe. *Religione dei Yezidi*. Bologna, 1930.

——. *La religione degli Hittiti*. Bologna, 1936.

Gaerte, W. "Kosmische Vorstellungen im Bilde prähistorischer Zeit: Erdberg, Himmelsberg, Erdnabel und Weltstrome," *Anthropos* (Salzburg), IX (1914), 956—979.

Gaster, Theodor Herzi. *Thespis; Ritual, Myth and Drama in the*

Ancient Near East. New York, 1950.

Gennep, Arnold van. *Tabou et totémisme à Madagascar*. Paris, 1904.

Goddard, Pliny. *Life and Culture of the Hupa* (University of California Publications in American Archaeology and Ethnology, I, no.1, pp.1— 88). Berkeley, 1903.

Götze, Albrecht. *Kleinasien*. Leipzig, 1933.

Granet, Marcel. *Danses et légendes de la Chine ancienne*. Paris, 1926. 2 vols.

——. *La Pensée chinoise*. Paris, 1934.

Handy, Edward Smith Craighill. *Polynesian Religion*. Honolulu, 1927.

Harva, Uno (formerly Uno Holmberg). *Der Baum des Lebens* (Annales Accademiae Scientiarum Fennicae). Helsinki, 1923.

Hasluck, F.W. *Christianity and Islam under the Sultans*. Oxford, 1929. Q vols.

Hasteen, Klah. *Navajo Creation Myth ; the Story of the Emergence* (Mary C.Wheelwright, rec., Navajo Religion Series, Museum of Navajo Ceremonial Art). Santa Fe, 1942.

Hastings, James (ed.). *Encyclopaedea of Religion and Ethics*. New York, 1951. 12 vols.

Hertel, Johannes. *Das indogermanische Neujahrsopfer im Veda*. Leipzig, 1938.

Hocart, Arthur Maurice. *Kingship*. London, 1927.

——. *Le Progrès de l'homme*. [French trans.] Paris, 1935.

——. *Kings and Councillors*. Cairo, 1936.

Höfler, Otto. *Kultische Geheimbünde der Germanen*. Frankfort on the Main, 1934.

Holmberg, Uno. Sec Harva Uno.

Hooke, S.H. (ed.). *The Labyrinth*. London, 1935.

——. (ed.). *Myth and Ritual*. London, 1935.

——. *The Origins of Early Semitic Ritual*. London, 1938.

Howitt, A.W. *The Native Tribes of South-East Australia*. London, 1904.

Hubaux, Jean. *Les Grands Myths de Rome*. Paris, 1945.

Hume, R.E. *The Thirteen Principal Uaanishads*. Oxford, 1931.

Huntington, Ellsworth. *Mainsprings of Civilization*. New York, 1945.

Huth, Otto. *Janus*. Bonn, 1932.

Jean, Charles François. *La Religian sumérienne*. Paris, 1931.

Jeremias, Alfred. *Handbuch der altorientalischen Geisteskultur*. 2nd edn., Berlin and Leipzig, 1929.

Johnson, A.R. "The Role of the King in the Jerusalem Cultus," *The Labyrinth*, ed. S.H. Hooke(London, 19S-6), pp. 73—111.

Krrfel, Willibald. *Die Kosmographie der Inder*. Bonn, 1920.

Koppers, Wilhelm. *Die Bhil in Zentralindien*. Horn, 1948.

Kricherberg, Walter. "Bauform und Weltbild im alten Mexico," *Paideuma*(Bamberg), IV(1950), 295—333.

Kneber, A.L. *Handbook of the Indians of California*. Washington, 1925.

——. and Gefford, E.W. *World Renewal*, *a Cult Sytem of Native Northwest Cahlifonia* (Anthropological Records, XIII, no.I, University of California). Berkeley, 1949.

Labat, René. *Le Caractère religieux de la royauté assyro-babylonienne*. Paris, 1939.

Lain, Entralgo, Pedro. *Medicina y historia*. Madrid, 1941.

Lamotte, Étienne. *Le Traité de la Grande Vertu de Sagesse de Nāgār-juna* (Bibliotheque du Muséon, XVI11, University of Louvain). Louvain, 1944.

Lassy, H. *Muharram Mysteries*. Helsinki, 1916.

LA Vallée-Poussin, Louis de (trans.). *L'Abhidharmakośa*. Paris, 1923—1926.

——— (trans.). *vijñapatimātratā-siddhi*. Paris, 1929.

———. "Documenrs d'Abhidharma: la controverse du temps," *Mélanges chinois et bouddhiques* (Brussels), V (1937), 1—158.

Leeuw Gerardus Van der. *Phanomenotogie der Religion*. Tübingen, 1933.

———. *L'Homme primitif et la religionr*. [French trans.] Paris, 1940.

*———. "Urzeit und Endzeit," *Eranos-Jahrbuch*, XVII (Zurich, 1950), pp.11—51.

Lehmann, F. R. "Weltuntergang und Weltemeuerung im Glauben schriftloser Völker," *Zeitschrift für Ethnologie* (Berlin), LXXI (1939).

———. and Pedersen. "Der Beweis für die Auferstehung im Koran," *Der Islam* (Strassburg), V, pp.54—61.

Lévy-Bruhl, Lucien. *La Mythologie Primitive*. Paris, 1935.

Liungman, Waldemar. *Traditionswanderugen*, *Euphrat-Rhein*. Helsinki, 1937—1938. 2 vols.

Lods, A. *Comptes rendus de l'Academie des Inscriptions*. Paris, 1943.

Löwith, Karl. *Meaning in History*. Chicago, 1949.

MacLeod, William Christe. *The Origin and History of Politics*. New York, 1931.

Malalas, Joannes. *Chronographia* (Corpus scriptorum historiae byzantinae, XV). Bonn, 1831.

Mahkad, D. R. "Manvantara-Caturyuga Method," *Annals of the Bhandarkar Oriental Research Institute* (Poona), XXIII, Silver Jubilee Volume (1942), 271—290.

Mannhardt, J. W. E. *Wald- und Feldkulte*. 2nd edn., Berlin, 1904—1905. 2 vols.

Mannheim, Karl. *Ideology and Utopia*. Trans. by Louis Wirth and Edward Shils. New York, 1936(A trans. of Ideologie und Utopia, Bonn, 1930, and "Wissenssoziologie," *Handwoerterbuch der Soziologie*, ed. Alfred Vierkandt, Stuttgart, 1931).

Marquart, Josef. "The Nawrôz, Its History and Its Significance," *Journal of the Cama Oriental Institute* (Bombay), XXXI (1937), 1951.

Mauss, Macel. "Essai sur le don, forme archaïque de l'échange," *Année Sociologique* (Paris), 2nd series, I(1923—1924).

Max Müller, F. (ed.). *The Sacred Books of The East*. Oxford, 1879—1910. 50 vols.

Murko, Matrias. *La Poésit populaire épique en Yougoslavie au début du XXᵉ siècle*. Paris, 1929.

Mus, Paul. *Barabudur* (2nd vol. incomplete). Hanoi, 1935 ff. 2 vols.

Nilsson, Martin P. *Primitive time Reckoning* (Acta Societatis Humaniorum Litterarum Lundensis, I). Lund, 1920.

Nourry, Émile (P. Saintyves, pseud.). *Essais de folklore biblique*. Paris, 1923.

———. *L'Astrologie populaire*. Paris, 1937.

Nyberg, H. S. "Questions de cosmogonie et de cosmologie mazdéennes," *Journal Asiatique* (Paris), CCXIV (Apr.—June, 1929), pp.193—310; CCXIX(Jul.—Sept., 1931), pp.1—134.

Nyberg, H.S. "Questions de cosmogonie et de cosmologie mazdéennes," *Journal Asiatique*(Paris), 1929, 1931.

———. *Criticisms in Monde Oriental*(Uppsala), XXIII(1929), 204—211.

Ohrt, Ferdinand. "Herba, gratiâ plena," *FF Communications*(Helsinki), No.82(1929).

Oka, Masao. "Kulturschichten in Altjapan," Unpublished German trans. of the Japanese MS.

Ortega Y Gasset, José. *Historia como sistema*. Madrid, 1941.

Paillis, Svend Aagge. *The Babylonian Akîtu Festival*. Copenhagen, 1926.

Parrot, A. *Ziggurats et Tour de Babel*. Paris, 1949.

Patai, Raphael. *Man and Temple*. London, 1947.

Pettazzoni, Raffaele. *La confessione dei peccati*. Bologna, 1929—1936.
5 vols.

———. "Der babylonische Ritus des Akîtu und das Gedicht der Weltschöpfung," *Eranos-Jahrbuch*, XIX(Zurich, 1950), pp.403—430.

———. "Io and Rangi," *Pro regno pro sanctuario*, *hommage à G. van der Leeuw*(Nijkerk, 1950), pp.359—364.

Pincherle, Alberto. *Gli Oracoli Sibllini giudaici*. Rome, 1922.

Polak, Jakob Eduard. *Persien. Das Land und seine Bewohner*. Leipzig, 1865. 2 vols.

* Puech, Henri-Chrles. "La Gnose et Le temps," *Eranos-Jahrbuch*, XX(Zurich, 1951), pp.57—113.

———. "Temps, histoire et mythe dans le christianisme des premiers siecles," *Proceedings of the VII*[th] *Congress for the History of Religion*(Amsterdam, 1951), pp.33—52.

Rey, A. *Le Relour éternel et la philosophie de la physique*. Paris, 1927.

Rock, F. "Das Jahr von 360 Tagen und seine Gliederung," *Wiener Beiträge zur Kulturgeschichte und Linguistik*, I(1930), 253—288.

Roeder, Günther (ed.). *Urkunden zur Religion des alten Ägypten*. Jena, 1915.

Roscher, Wilhelm Heinrich. "Neue Omhalosstudien," *Abhandlungen der Königlich Sächsischen Gesellschaft der Wissenschaft*(Leipzig), Phd.-hist. Klasse, XXXI, 1(1915).

The Sacred Books of the East. See Max Müller, F.

Saintyves, P. See Nourry, Émile.

Schaeder, Hans Heinrich. "Der iranische Zeitgott und sein Mythos," *Zeitschrift der Deutschen Morgenländischen Gesellschaft* (Leipzig), XCV (1941), 268 ff.

Schayer Stanislaw. *Contributions to the Problem of Time in Indian Philosophy*. Cracow, 1938.

Schbesta, Paul. *Les Pygmées*. [French trans.] Paris, 1940.

Scheftelowitz, Isidor. *Die Zeit als Schicksalsgottheit in der indischen und iranischen Religion*. Stuttgart, 1929.

Schweitzer, Bernhard. *Herakles*. Tübingen, 1922.

Sébillot, Paul. *Le Folk-lore de France*. Paris, 1904—1906. 4 vols.

Sedlmayr, Hans. "Architektur als abbildende Kunst," *Österreichische Akademie der Wissenschaften* (Vienna), *Phil.-hist Klasse*, *Silzungsberichte*, 225/3, (1948).

——. *Die Kathedrak*. Zurich, 1950.

Slawik, Alexander. "Kultische Geheimbünde der Japaner und Germanen," *Wiener Beiträge zur Kulturgeschichte und Linguistik* (Salzburg and Leipzig), IV(1936), 675—764.

Sorokin, Pitirin A. *Contemporary Sociological Theories*. New York, 1928.

——. *Social and Cultural Dynamics*. New York, 1937—1941, 4vols.

Stevens, E.S. See Droweh, E.S.

Stevenson, (Margaret), Mrs. Sinclair. *The Heart of Jainism*. London, 1915.

——. *The Rites of the Twice-Born*. London, 1920.

Thompson, Campbell. *Assyrian Medical Texts*. London, 1923.

Thorndike, Lynn. *A History of Magic and Experimental Science*. New York, 1929—1941. 6 vols.

Toynbee, Arnold J. *A Study of History*. London, 1934—1939. 6 vols.

Vallée Poussin See La Vallée Poussin, Louis de.

Vannicelli, Luigi. *La religione dei Lolo*. Milan, 1944.

Vincent, Albert. *La Religion des Judéo-Araméens d'Éléphantine*. Paris, 1937.

Weill, Raymond. *Le Champs des roseaux et champs des offrandes dans la religion funéraire et religion générale*. Paris, 1936.

Wensink, A. J. *The Ideas of the Western Semites Concerning the Navel of the Earth*. Amsterdam, 1916.

———. "The Semitic New Year and the Origin of Eschatology," *Acta Orientalia* (Lund), I(1923), 158—199.

Wheelwright, Mary C. *See* Hasteen Klah.

Whitney, W. D., and Lanman, C. R. (trans.). *Atharva-Veda* (Harvard Oriental Series, VII, VIII). Cambridge, Mass., 1905.

Widengren, Geo. *King and Saviour*. Uppsala, 1947. 2 vols.

Wiecer, Léon. *Histoire des croyances religieuses et des opinions philosophiques en Chine*. Hsien-hsien, 1922.

Zaehner, R.C. "Zurvanica," *Bulletin of the School of Oriental and African Studies*, IX(1937—1939), 303ff., 573ff., 871ff.

Zimmer, Heinrich. "Zum babylonischen Neujahrsfest," Berichte über die Verhandlungen der Königlich Sächsischen Gesellschaft der Wissenschaf(Leipzig), *Phil.-hist. Klasse*, LVIII (1906), pp. 126—156 and LXX(1918), pp.1—52.

附　录

自本书首版发行以来，以下译著为第二次印刷时引用。

Corbin, Henry. "Le Temps cyclique ..." = "Cyclical Time in Mazdaism and Ismailism," trans. Ralph Manheim, in *Man and Time* (Papers from the Eranos Yearbooks, 3). New York and London, 1957 (pp.115—172).

Eliade, Mircea. *Le Chamanisme...* = *Shamanism: Archaic Techniques of Ecstasy*. Trans. Willard R. Trask. New York and London, 1964.

———. *Images et symboles* = *Images and Symbols: Studies in Rtligious Symbolism*. Trans. Philip Mairet. New York and London, 1961.

———. "Le Temps et l'éternité..." = "Time and Eternity in Indian Thought," trans. Ralph Manheim, in *Man and Time* (Papers from the Eranos Yearbooks, 3). New York and London, 1957 (pp.179—200).

———. *Traité d'histoire...* = *Patterns in Comparative Religion*. Trans. Rosemary Sheed. London and New York, 1958.

———. *Yoga: Immortality and Freedom*. Trans. Willard R. Trask. New York and London, 1958 (A trans. of *Le Yoga: Immortalité et Liberté*, Paris, 1954).

Leeuw, Geradus van der. "Urzeit und Endzeit" = "Primordial Time and Final Time," trans. Ralph Manheim, *in Man and Time* (Papers from the Eranos Yearbooks, 3). New York and London, 1957 (pp.324—350).

Peuch, Henri-Charles. "La Gnose..."-"Gnosis and Time," trans. Ralph Manheim, in *Man and Time* (Papers from the Eranos Yearbooks, 3). New York and London, 1957 (pp.38—84).

图书在版编目(CIP)数据

永恒回归的神话/(美)米尔恰·伊利亚德著;晏
可佳译. —上海:上海书店出版社,2022.3
(人与宗教译丛)
ISBN 978-7-5458-2061-4

Ⅰ.①永… Ⅱ.①米… ②晏… Ⅲ.①宗教-研究-
世界 Ⅳ.①B928.1

中国版本图书馆 CIP 数据核字(2021)第 256160 号

责任编辑 俞芝悦
封面设计 郦书径

人与宗教译丛
永恒回归的神话
[美]米尔恰·伊利亚德 著 晏可佳 译

出　　版　上海书店出版社
　　　　　　(201101　上海市闵行区号景路 159 弄 C 座)
发　　行　上海人民出版社发行中心
印　　刷　江阴市机关印刷服务有限公司
开　　本　889×1194　1/32
印　　张　5.125
字　　数　90,000
版　　次　2022 年 3 月第 1 版
印　　次　2022 年 3 月第 1 次印刷
ISBN 978-7-5458-2061-4/B·109
定　　价　58.00 元